D1755635

Das Kochbuch Grafschaft Bentheim

– Genuss und Geschichten aus Landfrauenhand –

LandFrauen Grafschaft Bentheim

ISBN 978-3-86037-537-2

1. Auflage

©2013 Edition Limosa GmbH
Lüchower Straße 13a, 29459 Clenze
Telefon (0 58 44) 971 16-0, Telefax (0 58 44) 971 16-39
mail@limosa.de, www.limosa.de

Redaktion:
LandFrauen Grafschaft Bentheim

Lektorat:
Doreen Rinke

Satz und Layout:
Zdenko Baticeli, Lena Hermann

Korrektorat:
Ulrike Kauber

Unter Mitarbeit von:
Britta Arndt, Martina Grocholl, Karin Monneweg, Manuela von Hörsten

Medienberatung:
Heike Butke

Gedruckt in Deutschland

Alle in diesem Buch enthaltenen Angaben, Ergebnisse usw. wurden von den Autoren nach bestem Wissen erstellt und von ihnen sowie dem Verlag mit größtmöglicher Sorgfalt überprüft. Dennoch sind Fehler nicht völlig auszuschließen. Daher erfolgen alle Angaben usw. ohne jegliche Garantie des Verlages oder der Autoren. Wir übernehmen deshalb keinerlei Verantwortung und Haftung für etwa vorhandene inhaltliche Unrichtigkeiten.

Das Werk einschließlich aller seiner Teile ist urheberrechtlich geschützt.
Jede Verwertung außerhalb der engen Grenzen des Urheberrechtsgesetzes ist ohne Zustimmung des Verlages unzulässig und strafbar. Das gilt insbesondere für Vervielfältigungen, Übersetzungen, Mikroverfilmungen sowie die Einspeicherung und Verarbeitung in elektronischen Systemen.

LandFrauen Grafschaft Bentheim

Das Kochbuch
Grafschaft Bentheim

Genuss und Geschichten aus Landfrauenhand

Vorwort

Lieber Leser, die Landfrauen in der Grafschaft Bentheim sind bekannt für leckeres und gutes Essen. Darum waren wir gleich motiviert, als sich im Herbst 2011 der Verlag Edition Limosa an uns wandte und uns die Idee vorstellte, ein Koch- und Heimatbuch aus der Grafschaft Bentheim zu erstellen.
Wir, das ist die Kreisarbeitsgemeinschaft LandFrauen Grafschaft Bentheim, der insgesamt zwölf Landfrauenvereine mit 2200 Mitgliedern angehören.
Unter dem Motto »Stark machen für den Alltag« vereinen wir viele verschiedene Stärken, Aktivitäten und Ideen und es gelingt uns auf diese Weise, den stetigen gesellschaftlichen Wandel kreativ und engagiert zu gestalten. Wir »Frauen fürs Land« stehen für Engagement im ländlichen Raum, Interessenvertretung für Frauen und Familie, Gemeinschaft und Geselligkeit, Verbindung von Tradition und Moderne und Weiterbildung.
Mit den Worten »Eine kann nicht alles, viele können etwas, wir alle zusammen aber können viel – wir packen's an« haben wir schon viele gemeinsame Projekte gemeistert. Das machte uns auch Mut als Autorinnen gemeinsam das Material für das Grafschafter Landfrauen Kochbuch zu erstellen. Ein Buch über unsere Region, von Grafschafter Frauen für Grafschafter Leser zu erstellen, war unser Ziel.
Überzeugen Sie sich selbst, ob es uns gelungen ist, Wissenswertes, Heiteres und Nachdenkliches zu den Sitten und Gebräuchen aus unserer Region zusammenzustellen, gemischt mit interessanten Rezepten und schönen Bildern quer durch die Grafschaft Bentheim.

Viel Freude beim Durchstöbern!

Der Vorstand der Kreisarbeitsgemeinschaft
LandFrauen Grafschaft Bentheim

Gruppenbild der aktiven Landfrauen, die das Landfrauenkochbuch erstellt haben.

Ein herzliches Dankeschön ...

... an alle Landfrauen aus unseren Ortsvereinen, die uns bei der Erstellung des Buches unterstützt und ihre Lieblingsrezepte, Geschichten und Bilder beigesteuert haben. Ohne sie wäre das Kochbuch Grafschaft Bentheim nicht möglich gewesen:

Die Landfrauenvereine
– Brandlecht-Engden-Hestrup,
– Isterberg,
– Neuenhaus,
– Osterwald,
– Sieringhoek-Bad Bentheim,
– Wilsum,
– Emlichheim,
– Laar,
– Nordhorn,
– Samern-Suddendorf-Ohne,
– Uelsen,
– Westenberg.

Ein besonderer Dank geht an Johanna Waterloh-Temme, die uns sehr stark unterstützt hat. Sie hat alle Rezepte, Geschichten und Fotos gesammelt, sortiert, korrigiert und aufgelistet. Des Weiteren wurden alle Bildbeiträge von ihr überarbeitet und ausgesucht. Ohne ihre Hilfe wäre so ein umfangreiches Projekt gar nicht möglich gewesen. Herzlichen Dank von allen Landfrauen aus der Grafschaft Bentheim für ihren großen Einsatz, der viel Freizeit gekostet, aber hoffentlich auch viel Freude bereitet hat.
Großer Dank geht auch an Hartmut Abel und besonders an Frauke Hiller, die sich um die Textkorrekturen gekümmert haben, sowie an Marja Asche und vor allem Hindrike Jonker, die in besonderer Weise das Fotomaterial erarbeitet haben.

Heike Butke
Vorsitzende der LandFrauen
Grafschaft Bentheim

Gelbe Frühjahrspracht
in der Niedergrafschaft

Die Liebe geht durch den Magen, sagt der Volksmund

Wie gut also, dass die Grafschafter Landfrauen dieses von regionaler Vielfalt geprägte Kochbuch ersonnen haben, denn nun lässt sich die Verbundenheit zur Grafschaft Bentheim ganz besonders schmackhaft genießen.

Traditionsbewusst und mit offenen Augen für das Gute im Neuen haben sich die Autorinnen den 160 Koch- und Backrezepten in ihrem Kochbuch gewidmet. Sie verfolgen damit das Ziel, während des Genusses der zubereiteten Gerichte eine positive Stimmung hervorzubringen, die die abwechslungsreiche und attraktive Kulturlandschaft von der Obergrafschaft über Nordhorn bis zur Niedergrafschaft erahnen lässt und von allen Sinnen dann wahrgenommen werden kann.

Gespickt werden die kulinarischen Entdeckungen mit Geschichten, Sagen und Gedichten der Region und gewürzt mit zahlreichen Bildern Grafschafter Fotografen. Und das wiederum ist ein charmanter Mehrwert für die Köchinnen und Köche, die sich beim Schmökern während der Garzeiten auf einen Streifzug durch die Region machen können.

Das Grafschafter Kochbuch vermittelt dem Leser oder der Leserin zudem einen Überblick über die köstlichen Produkte sowie die Menschen, die sie produzieren und vermarkten. Ein willkommener Beitrag zur nachhaltigen Stärkung der Grafschafter Identität.

Alles in allem ist so ein wunderschönes Stück regionaler (Ess-)Kultur entstanden, das mehr ist als nur eine Rezeptsammlung typischer regionaler Spezialitäten. Es ist eine illustrierte Liebeserklärung an die Heimat – ein Muss für jedes Grafschafter Bücherregal.

Herzlich lade ich Sie ein, das eine oder andere Rezept zu probieren. Nehmen Sie bitte dazu 1000 g Kompetenz, 1000 g Leidenschaft, 1000 g Einsatz, 1000 g Verantwortung, 1 Esslöffel Heimatliebe und 1 Prise Humor. Ich bin mir sicher, das Gericht wird Ihnen munden.

Guten Appetit wünscht

Landrat

Friedrich Kethorn

Geschichten und Erzählungen

Unsere Grafschaft Bentheim	10
Das Itterbecker Lied	15
Der Herrgott von Bentheim	19
Nordhorn – die Stadt im Grünen	23
Platt von Wilhelm Buddenberg	27
Groafschupper!	28
Ohner Kirche	31
Hof Schulze-Holmer in Samern	37
Heergods Natuur	41
Der Rabenbaum im Samerrott	47
Emlichheim im Nordwesten des Landkreises	50
Börgelings Mühle, Schüttorf	55
Uelsen am Abend	57
Wie die Peckelbrücke zu ihrem Namen kam	63
Rathaus Neuenhaus	67
Das Piggetörnken	69
Der Kirchturm von Gildehaus	79
Die »Witte Jüffer«	83
Der Gastbitter	89
Der Holschenmarkt (Holzschuhmarkt) in Nordhorn	90
Glück in't neije Joahr!	94
Schoosollen backen	97
Die Riesen in der Itterbecker Heide	100
Palmsonntag	105
Schneetag	109
Mit dem großen Weggen kommen wir	113
Isterberg und Quendorf	116
Nordbecks Sage	121
Meisterhafte Selbstversorger	124
Buchweizen – das vergessene Gewächs	132
Der Goldene Becher von Gölenkamp	139
Trachten in der Grafschaft Bentheim	144
Das Middewinterhornblasen	149
Brotbacken im Steinofen	155
Harm en sien Krijntenstüütken – Geschichte in »Wilsumer Platt«	158
Vom Samerrott und seinen Mahlmännern	165
Wilsumer Lied	171
Gildehauser Steinbruch und Museum	173
Die reformierte Kirche Schüttorf	176

Die Grafschaft Bentheim

Wo die Vechte langsam durch die Wiesen schleicht,
wo die alte Kirche fast zum Himmel reicht,
: wo die Vechte fließt, durch Emlichheim,
da ist meine Heimat, da bin ich zu Haus. :

Wo der Mond am Himmel ganz verträumt erscheint,
wo die Grafschaft sich von der besten Seite zeigt,
: wo man aus der Erde holt Kartoffeln raus,
da ist meine Heimat, da bin ich zu Haus. :

(Auszug aus 6 Strophen, Melodie: Wo die Nordseewellen)

Jeder Mensch hat etwas, das ihn antreibt.

Wir machen den Weg frei.

Euregio Agrar

Solidarität, Fairness, Nachhaltigkeit, Partnerschaftlichkeit – Diese Werte der genossenschaftlichen Idee sind Grundlage unseres Alltags. Und natürlich auch unserer Arbeit. Denn sie helfen uns dabei, Sie in allen Belangen fair und partnerschaftlich zu unterstützen. Sprechen Sie einfach persönlich mit einem unserer Berater ganz in Ihrer Nähe oder gehen Sie online auf www.grafschafter-volksbank.de.

Grafschafter Volksbank eG

Ihr Euregio Agrar-Team

Inhaltsverzeichnis

Vorwort	4
Ein herzliches Dankeschön	5
Die Liebe geht durch den Magen, sagt der Volksmund	6
Die Grafschaft Bentheim	8
Salate	12
Suppen und Eintöpfe	24
Gemüse- und Backofengerichte	34
Kartoffelgerichte	48
Fleischgerichte	58
Fischgerichte	76
Traditionelle Rezepte	86
Süßspeisen und Desserts	98
Getränke und Liköre	110
Hits für Kids	118
Kuchen, Torten, Gebäck	128
Brot	152
Eingemachtes	166
Dips	174
Begriffserläuterungen	178
Maße und Gewichte	179
Abkürzungen	179
Rezeptregister nach Kapiteln	179
Bildquellennachweis	192

*Wenn nicht anders vermerkt,
sind alle Rezepte für vier Personen ausgelegt.*

Früchte – was das Herz begehrt

Unsere Grafschaft Bentheim …

Von Johanna Waterloh-Temme

… liegt im äußersten westlichen Zipfel von Niedersachsen. Westlicher Nachbar sind die Niederlande, südlich liegt das westfälische Münsterland und östlich das Emsland.
Die Landschaft ist überwiegend landwirtschaftlich geprägt. Im Norden befinden sich Moor- und Heidegebiete, im Süden erstreckt sich mit dem Bentheimer Berg ein Ausläufer des Teutoburger Waldes. Auf dem Bentheimer Berg liegt die von weither sichtbare Burg Bentheim – das Wahrzeichen unserer Grafschaft. Sie wurde 1050 erstmals urkundlich erwähnt. Die Burg Bentheim ist eine sehenswerte Kronenburg – ein mehrstöckiges, repräsentatives Wohngebäude, dessen Kernbestand bis in das 12. Jahrhundert reicht. Pulverturm, Katharinenkirche, Burgbrunnen oder Prinzessinengarten sind heute Besuchermagneten.
Zum ländlichen Idyll der Grafschaft gehören auch die Flüsse Vechte und Dinkel. Früher war besonders die Vechte ein bedeutender Verkehrsweg. Der legendäre Bentheimer Sandstein wurde über die Vechte bis nach Amsterdam oder Antwerpen geschafft. Die Bauart der Boote, sogenannte Zompen, war an den in den Sommermonaten niedrigen Wasserstand angepasst. Heute sind die Flüsse durch Wehre gezähmt. Sie werden vorsichtig für den sanften Wassertourismus wieder geöffnet. Unsere Kreisstadt Nordhorn geht als »Wasserstadt Nordhorn« diesen Weg und bietet Bootstouren rund um die malerische City – mit dem Elektroboot »Vechtestromer«, Kanu oder Tretboot.

Die Burganlage in Bad Bentheim

Wolf im Tierpark Nordhorn

Unsere Grafschaft ist vielerorts touristisch ausgerichtet. Besonderes Markenzeichen ist das Fahrrad – bei uns auch Fietse genannt. Auf den 1200 Kilometer langen, ausgeschilderten Radwegen – der Grafschafter Fietsentour – lässt sich die herrliche Landschaft auch jenseits der niederländischen Grenze erkunden. 2007 wurde unsere Grafschaft als fahrradfreundlichster Landkreis Niedersachsens ausgezeichnet. 2011 konnte dieser Titel erfolgreich verteidigt werden. Radwanderschutzhütten, Leihfahrräder und über 100 ausgezeichnete fahrradfreundliche Gastbetriebe sind nur einige Beispiele der fahrradfreundlichen Grafschaft, die Gäste und Einheimische gerne nutzen.

Die Freilichtbühne in Bad Bentheim ist ein Publikumsmagnet im Sommer. Besonders beliebt ist der familienfreundliche Tierpark in Nordhorn. Rund 300 000 Besucher, davon die Hälfte aus den benachbarten Niederlanden, besuchen ihn jährlich.

Niederländer kommen gerne in unsere Grafschaft – zum Schoppen, Bummeln oder zum Restaurantbesuch. Sprachprobleme gibt es kaum. Viele Grafschafter sprechen Plattdeutsch. »Grafschafter Platt« ähnelt sehr dem »Twenter Platt«.

Unsere Grafschafter Küche ist traditionell norddeutsch – mit westfälischem Einfluss. Neben dem typischen Grünkohlessen finden wir die Grafschafter Hochzeitssuppe, Buchweizenpfannkuchen und Herrenspeise lecker. Fleischgerichte stammen in Genießerkreisen oft vom traditionellen Bunten Bentheimer Landschwein.

Wir laden unsere Leser herzlich ein, unsere schöne Grafschaft Bentheim zu besuchen und selbst zu erkunden.

Wasserstadt Nordhorn

Landfrauen fietsen gerne.

Bunter Sommer-Kartoffelsalat

800 g gekochte Kartoffeln	in Scheiben schneiden und in eine Schüssel geben.
1 Salatgurke	in Scheiben schneiden und dazugeben.
2 Tomaten	würfeln und hinzufügen.
150 g Frühstücksspeck- oder Schinkenwürfel	in einer Pfanne auslassen und leicht andünsten, dazugeben.
1 Zwiebel	schälen, würfeln und zugeben.
6 EL Essig	mit
3 EL Wasser (heiß)	
½ TL Salz, 1 TL Zucker	
3 Prisen Pfeffer	und
1 TL Senf	in einen Schüttelbecher oder Glas mit Deckel (z.B. Marmeladenglas) geben und gut durchschütteln, abschmecken.
6 EL Öl	dazugeben und wieder schütteln, die Marinade über den Salat geben.
4 geh. EL Schnittlauchröllchen	dazugeben und alles vorsichtig unterheben.

Der Salat schmeckt am besten, wenn er einige Stunden durchgezogen ist.

Gartenfreude

Feuriger Schichtsalat

500 g Gehacktes	in
2 EL Öl	in einer Pfanne andünsten. Mit
Pfeffer, Salz, Paprikapulver	würzen und anbraten, abkühlen lassen.
1 Eisbergsalat	putzen, in Streifen schneiden und in eine flache Salatschüssel geben. Das Gehackte darüberschichten.
4 Tomaten	würfeln und darübergeben.
250 ml Salsasoße	mit
400 g Schmand oder saure Sahne	sowie
125 g Joghurt	verrühren und über den Salat geben.
4 EL geschnittene Kräuter (Petersilie, Schnittlauch, Zitronenmelisse)	über dem Salat verteilen.
200 g grob geraspelter Käse	über dem Salat verteilen.
150 g Tortillas (1 Pck.)	zerbröseln und kurz vor dem Servieren über den Salat streuen.

Gerdas Gurkensalat

1 Salatgurke	waschen, halbieren, das Kerngehäuse mit einem Löffel entfernen. Die Gurkenhälften in Würfel schneiden.
2 Äpfel	schälen und in kleine Würfel schneiden.
1 Zwiebel	fein hacken und
4 Gewürzgurken	klein schneiden.
2 EL kaltes Wasser	mit
2 EL Zucker	verrühren und dann mit allen Zutaten in einer Schüssel mischen. Eventuell kurz vor dem Servieren die Flüssigkeit abgießen.
250 g Salatmayonnaise	unterheben.

Gurkenanbau im eigenen Gewächshaus

Salate

Fruchtiger Feldsalat

	Für die Marinade
1 EL Essig oder 3 EL Zitronensaft	mit
2 – 3 EL Öl	sowie
2 EL Wasser	verrühren. Dann
Salz, Pfeffer, Curry	mit etwas
Zucker oder Honig	sowie
3 – 4 EL frische Kräuter	und
1 fein gewürfelte Zwiebel	dazugeben. Alle Zutaten vermengen und die Marinade abschmecken.
1 Apfel	schälen, entkernen und würfeln.
1 Birne	würfeln.
1 – 2 Bananen	schälen und in Scheiben schneiden.
100 – 150 g Feldsalat	gründlich waschen. Das Obst in die Marinade geben, den Feldsalat erst direkt vor dem Servieren dazugeben und vorsichtig vermischen.

> Anstelle der Birne können Sie ersatzweise 200 g Wassermelone verwenden.

Mischkultur – einfach schön im Bauerngarten

Das Itterbecker Lied

Zwischen Wald und Heide, zwischen Moor und Tann,
da liegt meine Heimat, die mich hält in Bann.
Auf der ganzen Erde gibt es keinen Fleck,
der mir mehr gefiele als mein Itterbeck.

Über alten Höfen rauscht der Buchen Zelt,
weithin auf den Kämpen reiht sich Feld an Feld.
Wenn die Sommerwinde durch die Halme geh'n,
fühl ich's tief im Herzen: Itterbeck ist schön.

Silbern eilt die Itter durch die Wiesen hin,
möchte in die Ferne endlos weiterziehn.
Doch die hohen Pappeln flüstern leis ihr zu:
Bleib in Itterbeck doch, schnelle Itter du.

Sahst du schon die Heide, wenn sie rosenrot,
duftend sich dem Auge in der Blüte bot?
Bis zum blauen Himmel schwingt sich hin der Flor,
lockt uns in die Weite durch ihr Zaubertor.

Und am Berghang drüben knarrt der Eichenbaum,
ragt empor die Tanne, schützt den Heimattraum.
Wo die Väter kämpften einst um karges Brot,
meiner Heimat bin ich treu bis in den Tod.

Senkt die Dämmerung leise sich auf Moor und Ried,
harft der Wind im Schilf verträumt sein Abendlied,
weiß ich: Auf der Erde gibt es keinen Fleck,
der mir mehr gefiele als mein Itterbeck.

(Nach der Melodie: »Wo die Nordseewellen«, Verfasser: Theo Eng, 1932)

»Berghütte« in Itterbeck

Grafschafter Kartoffelsalat

500 g Kartoffeln (festkochend)	in Salzwasser kochen und erkalten lassen, dann in Scheiben oder Würfel schneiden und in eine große Rührschüssel geben.
3 Eier	hart kochen, erkalten lassen und abpellen.
1 kleine Gewürzgurke	in Würfel schneiden und zu den Kartoffeln geben.
300 g Mayonnaise	mit
100 g Joghurt	verrühren. Mit
Salz, Pfeffer	sowie
1 EL Senf	würzen und mit etwas Flüssigkeit von den Gurken zu den Kartoffeln geben.
1 Bund Schnittlauch	in kleine Röllchen schneiden.
1 Apfel	(mit Schale) in Würfel schneiden und
1 Zwiebel	schälen, fein würfeln.
200 g Fleischwurst	mit den Eiern ebenfalls in kleine Würfel schneiden. Alle Zutaten zu den Kartoffeln geben, vorsichtig mischen, abdecken und in den Kühlschrank stellen. Vor dem Servieren vorsichtig umrühren.

> Frische Zwiebeln sind verträglicher und leichter verdaulich, wenn sie kurz in kochendem Wasser blanchiert werden.

Blühender Schnittlauch

Nudelsalat mit Kräuterdressing

250 g Nudeln	kochen und abkühlen lassen.
1 gelbe Paprikaschote	waschen, vierteln, entkernen, in Würfel schneiden.
250 g Hähnchenbrustfilet	mit
Salz, Pfeffer	gut würzen, braten, abkühlen lassen und anschließend in Würfel schneiden.
60 ml Wasser	mit
50 g Zucker	und
60 ml Tafelessig	
60 ml Sonnenblumenöl	
1 TL Currypulver	sowie
1 TL Salz, 1 TL Pfeffer	in einen kleinen Topf geben, aufkochen und abkühlen lassen.
½ Pck. TK 8-Kräuter-Mischung oder frische Gartenkräuter	mit dem abgekühlten Dressing, den Nudeln, der Paprikaschote und dem Hähnchenbrustfilet mischen.

> Den Salat über Nacht ziehen lassen.

Sonnenblume mit Gast

Pikante Salattorte

1 Kopf Salat	waschen, in ganzen Blättern lassen.
1 Salatgurke	in Scheiben hobeln.
2 Zwiebeln	schälen und fein hacken.
500 g Tomaten	in dünne Scheiben schneiden.
1 Stange Porree	putzen, der Länge nach aufschneiden, waschen und in feine Ringe schneiden.
7 Eier	hart kochen, pellen und in Scheiben schneiden. Alle Zutaten mit
7 Scheiben Kochschinken	und
7 Scheiben Gouda	in der gelisteten Reihenfolge in einen Tortenring oder eine Springform einschichten. Die Reihenfolge beachten und keine Gewürze hinzufügen. Darauf achten, dass Schinken und Käsescheiben nebeneinander liegen. Alles fest andrücken und über Nacht kalt stellen. Die Torte mit einem scharfen Messer – besser noch mit einem elektrischen Messer – schneiden.
1 hart gekochtes Ei (in Scheiben)	sowie einige
Cocktailtomaten (halbiert)	zum Garnieren verwenden.

Dazu Salatdressing nach eigener Wahl servieren.

Radicchio-Salat

Porree-Apfel-Frischkost

2 EL Zitronensaft	mit
2 EL Rapsöl	zu einer Marinade verrühren und mit
Salz, Pfeffer, Zucker	abschmecken.
300 g Möhren	waschen, schälen, grob raspeln.
300 g Porree	putzen, halbieren, waschen und in sehr feine Streifen schneiden.
300 g Äpfel	waschen, vierteln, Kerngehäuse entfernen und mit Schale in feine Streifen schneiden. Sofort mit der Marinade vermischen, damit sie nicht braun werden. Porree und Möhren dazugeben, mischen und nach Belieben abschmecken.

Der Herrgott von Bentheim

Von Marja Asche

Im Innenhof der Burg Bentheim steht vor den Stufen zum Pulverturm ein erhabenes Kruzifix aus frühromanischer Zeit. Es stellt den gekreuzigten Christus in einer symbolhaften, symmetrischen Art dar, wie es für die romanische Stilepoche typisch war. Die Statue ist 2,80 Meter hoch und 1,40 Meter breit. Hergestellt aus Bentheimer Sandstein stammt das Kreuz wohl aus der Mitte des 11. Jahrhunderts. Es gilt als eine herausragende Arbeit abendländischer Steinmetzkunst aus der Zeit der Christianisierung. Im Jahre 1828 wurde es bei Erdarbeiten auf einem Acker im Westen der Stadt Bentheim gefunden. Es ist anzunehmen, dass es im Zuge der Reformation beseitigt und vergraben wurde, da die Darstellung des Gekreuzigten nicht mehr der neuen reformatorischen Glaubensauffassung entsprach. Nach der Restaurierung hat das Steinkreuz 1951 seinen heutigen Platz erhalten.

Der Herrgott von Bentheim

Reis-Schichtsalat

4 Eier	hart kochen, pellen und in Scheiben schneiden.
125 g Reis	kochen.
250 g Mais (aus der Dose)	sowie
175 g Mandarinen (aus der Dose)	abtropfen lassen.
150 g Kochschinken	würfeln.
375 g Spargelstücke (aus dem Glas)	abtropfen lassen.
400 g Mayonnaise	mit
150 g Joghurt	und
Salz, Pfeffer	zu einer Salatsoße verrühren. Reis, Eier, Mais, Mandarinen, Schinken und Spargel in dieser Reihenfolge in eine Schüssel schichten. Zwischendurch immer etwas Soße dazugeben.
200 ml Currysoße	mit etwas
Sahne	verrühren und als Abschluss über den Salat geben.

> Den Salat über Nacht durchziehen lassen.

Der »Schwarze Garten« in Nordhorn ist ein Mahnmal gegen das Vergessen. Er ist Gedenkstätte und Kunstwerk zugleich. Früher war hier ein Ehrenmal für gefallene Soldaten, das in der Bevölkerung umstritten war. Die amerikanische Künstlerin Jenny Holzer hat ihre Vorstellung vom Schwarzen Garten verwirklichen können. Die Gedenkstätte konnte Mitte der 1990er Jahre eröffnet werden.
(Johanna Waterloh-Temme)

St. Augustinuskirche in Nordhorn

Salate

Spaghetti-Salat

125 g Gabelspaghetti	in
Salzwasser	etwa 10 bis 15 Minuten garen, abgießen und abkühlen lassen.
200 g Kochschinken	würfeln.
825 g Pilze (aus der Dose)	abtropfen lassen.
1 Bund Lauchzwiebeln	in Ringe schneiden. Alle Zutaten in einer großen Schüssel vermischen.
10 EL Sojasoße	mit
4 – 6 EL Öl	
4 – 6 EL Essig	sowie
1 – 2 TL Chinagewürz	verrühren. Mit
Salz, Pfeffer	würzen und etwas
Joghurt oder Milch	unterrühren. Die Soße zum Salat geben und vorsichtig unterheben. Gut durchziehen lassen und nochmals abschmecken.

»anderswohin« von Tamara Grcic, 2011. Auf einer Kuppe nahe der Hestruper Siedlungen »Am Berg« und »Am Kreuzbree« hat die Künstlerin Tamara Grcic zwölf in Höhe und Form variierende, gefäßförmige Skulpturen aus Bronze platziert. Anregen ließ sich die Künstlerin durch archäologische Funde, die im Frühjahr 2009 die prähistorische Besiedlung des damaligen Baugebietes »Am Kreuzbree« bezeugen. *(aus »raumsichten«, Städtische Galerie Nordhorn)*

Stadtpark in Nordhorn

Tortellini-Salat (für 8 Personen)

500 g Tortellini	in ausreichend
Gemüsebrühe	kochen, abgießen, abkühlen lassen.
200 g Salatgurke	
300 g Tomaten	und
300 g Kochschinken	würfeln.
2 Zwiebeln	sowie
1 Knoblauchzehe	schälen und fein hacken.
250 g Salatmayonnaise	mit
150 g Joghurt	und
200 g Crème fraîche (Kräuter) oder saure Sahne	verrühren.
1 Pck. TK 8-Kräuter-Mischung oder 4 EL frische gehackte Kräuter	vorsichtig unterheben. Die Salatsoße mit den Salatzutaten vermischen. Gurke und Tomaten jedoch erst kurz vor dem Servieren unterheben, damit der Salat nicht wässrig wird.

Busmann-Brücke in Samern

Störche im Tierpark in Nordhorn

Nordhorn – die Stadt im Grünen

Von Rosa Havermann

Nordhorn ist nach Neuenhaus und Schüttorf die drittälteste Stadt im Landkreis Grafschaft Bentheim und Kreisstadt der Grafschaft. Um das Jahr 1000 erscheint Nordhorn erstmals in den Heberegistern, erhält aber erst im Jahr 1379 die Stadtrechte. Die Stadt ist zwischen zwei Armen der Vechte angesiedelt, die schiffbar waren, so dass Nordhorn zu einem wichtigen Handels- und Umschlagplatz wurde. Nordhorn nahm an der »Flämischen Handelsstraße«, die von Flandern nach Bremen und Hamburg führte, eine Schlüsselstellung ein. Von hier wurde auch Bentheimer Sandstein verschifft.

Jantje vor der Alten Kirche am Markt in Nordhorn

Die Geschichte erzählt, dass die Menschen an einem vielbegangenen Heerweg, der von Münster parallel zur Vechte nach Coevorden führte, im Laufe der Zeit immer wieder unter den Soldaten, Rittern und Soldknechten zu leiden hatten. Wenn Kriegsvolk oder Wasserfluten nahten, bliesen die Wächter vom Wachtturm, der im Vechtearm stand, kräftig ins Horn. Also setzt sich der Name vermutlich aus »die Stadt im Norden mit dem Horn« zusammen. Soweit die volkstümliche Deutung. Die wissenschaftlich begründete Deutung besagt, dass das »Horn« im Sinne von Ecke (Landmarke) zu verstehen ist. »Nordhorn« war eine »nördliche Ecke« von der Bentheimer Burg aus gesehen.

Die Vechtearme umfließen die bürgerlichen Wohnviertel, gaben ihnen einen gewissen Schutz und sorgten dafür, dass die Mahlwerke der Korn- und Ölmühlen betrieben werden konnten. Krisenjahre brachte das 19. Jahrhundert: Die Vechte versandete, neue Zollschranken behinderten den Handel und der Verkehr verlagerte sich auf die Schiene. Viele verdienten durch Heimweberei – auch Bauernleinen – ihr Brot. Erste Ansätze einer Textilindustrie entstanden. Jan van Delden war der Begründer der Nordhorner Textilindustrie an der Kokenmühlenstraße. 1877 übernahm Ludwig Povel dieses Unternehmen. 1888 öffnete Bernhard Krone-Rawe die Fabriktore in der Busmaate. Bernhard Niehuis und Friedrich Dütting gründeten 1898 das Unternehmen kurz »N« und »D«, später »NINO« genannt. Ihr Ansehen wuchs besonders durch Maria Niehuis, die sich durch viele Wohltaten die Herzen der Menschen eroberte und liebevoll »Mutter Maria« genannt wurde.

Nach Kriegsende 1945 fanden viele Vertriebene in den drei Textilfirmen einen sicheren Arbeitsplatz und eine neue Heimat in Nordhorn. Der Stadtteil »Blanke« ist in dieser Zeit neu entstanden und Nordhorn war die »Textilstadt im Grünen«. Zwischen 1960 und 1970 kamen noch einmal viele Menschen aus Portugal, Spanien, Italien und der Türkei als sogenannte »Gastarbeiter« nach Nordhorn, um hier zu arbeiten und zu leben. Die Zeit der großen Textilfabriken ist vorbei, 2001 wurde das letzte Tor geschlossen. Nach und nach siedelten sich wieder verschiedene Industriebetriebe an und bieten den Menschen heute Arbeit und Ausbildung.

Mit dem Grenzübergang Frensdorferhaar ist Nordhorn unmittelbar mit dem Nachbarland Niederlande verbunden. Es findet ein reger Austausch statt. In den Straßen und Geschäften von Nordhorn gehören die Besucher aus den Niederlanden mit zum täglichen Bild. Ebenso nutzt aber auch die Nordhorner und Grafschafter Bevölkerung die offene Grenze und fährt in die Niederlande zum Einkaufen oder Freizeitvertreib.

Suppen und Eintöpfe

Erbsensuppe Rucki-Zucki

1 l Wasser	zum Kochen bringen.
6 Räucherendchen	hineingeben und 15 Minuten garen.
250 g Möhren	putzen und würfeln.
100 g Sellerie	sowie
250 g Kartoffeln	schälen und würfeln.
2 Stangen Porree	putzen, waschen, in Ringe schneiden.
500 g TK-Erbsen	mit den vorbereiteten Zutaten und
1 Brühwürfel	in den Topf geben und zusammen 15 Minuten kochen. Mit
Pfeffer, Salz	würzen.
Petersilie	waschen, fein hacken, vor dem Servieren über die Suppe streuen.

Etwas Maggikraut (Liebstöckel) mitkochen und auch zum Schluss frisch geschnittenes Maggikraut über die Suppe streuen. So erhält die Suppe ein feines und frisches Aroma.

Der Festbogen der Bogengemeinschaft Achterberg ist fertig. Das Jubiläumsschützenfest kann beginnen.

Emlichheimer Kartoffelsuppe

50 g Schalotten oder Zwiebeln	fein würfeln und in
30 g Butter	andünsten.
200 g Kartoffeln	schälen, würfeln und zugeben. Mit
500 ml Gemüsebrühe	auffüllen und 15 Minuten garen.
300 ml Sahne	zur Suppe geben und alles pürieren.
50 g saure Sahne	einrühren. Die Suppe mit
Salz, Muskat	würzig abschmecken. Suppe in vorgewärmte Teller füllen und mit
Schnittlauchröllchen	verzieren.

> Es können auch gebratene Shrimps oder geriebener Käse auf die Suppe gegeben werden.

Gyrossuppe

500 g fertig gewürztes Gyrosfleisch	in
1 EL Öl	anbraten.
500 ml Sahne	hinzufügen und über Nacht in den Kühlschrank stellen.
1 Pck. Zwiebelsuppe (instant)	nach Anleitung zubereiten.
1 rote, 1 grüne Paprikaschote	waschen, vierteln, Scheidewände und Kerne entfernen, würfeln und zur kochenden Suppe geben.
400 ml Zigeunersoße (Rezept S. 168)	
100 ml Chilisoße	und
500 ml Wasser	sowie
250 g Mais (aus der Dose)	hinzufügen, das Gyros-Sahne-Gemisch dazugeben, aufkochen und noch etwa 10 Minuten köcheln lassen.

> Ideal für eine Party. Dazu schmecken Brötchen mit Tsatsiki oder Kräuterbutter sehr gut.

Schützenverein Achterberg – Westenberg – Holt und Haar feiert das 100-jährige Jubiläum.

Suppen und Eintöpfe

Grafschafter Grünkohleintopf

500 g Kartoffeln	schälen und würfeln.
500 g Grünkohl	putzen und hacken.
1 Zwiebel	würfeln.
40 g Schmalz	in einem Topf schmelzen lassen. Kartoffeln, Grünkohl und Zwiebel in den Topf schichten, kurz schmoren.
1 TL Salz	dazugeben.
1 Brühwürfel (Gemüsebrühe)	in
250 ml lauwarmes Wasser	einrühren und über die Zutaten gießen.
4 geräucherte Mettenden	darauflegen und 45 Minuten kochen. Die Mettenden herausnehmen und den Eintopf gut durchrühren. Mit
Salz, Essigwasser	abschmecken.

Dazu werden saure Gurken gereicht. Im Backofen gegarte Kassler und Rippchen passen auch dazu. Eine Grafschafter Spezialität: zum Grünkohleintopf etwas Essigwasser servieren.

Bentheimer Urwald

Einsame Skulptur im Bentheimer Wald – Tittenpyramide

Japanischer Eintopf

500 g Gehacktes	in einen großen Topf geben. Mit
2 EL Öl	krümelig anbraten.
1 große Zwiebel	würfeln und hinzufügen. Mit
Salz, Pfeffer	würzen.
750 g Porree	putzen, der Länge nach einschneiden, waschen, in etwa ½ cm breite Streifen schneiden. Nach und nach zum Gehackten geben, alles andünsten.
500 ml Wasser	und
250 g Nudeln	hinzufügen.
2 EL Tomatenmark	dazugeben, unterrühren und aufkochen lassen.
Je 1 Zweig Liebstöckel, Bohnenkraut	waschen und dazugeben. Auf niedriger Stufe 15 Minuten garen. Mit
Salz, Pfeffer	abschmecken. Vor dem Servieren Liebstöckel und Bohnenkraut wieder entfernen.

Ein Teil des Porrees kann durch Möhren und/oder Sellerie ersetzt werden. Wenn der Eintopf zu trocken ist, kann noch kochendes Wasser dazugegeben werden.

Platt von Wilhelm Buddenberg

Bi't Middagetten seg de Mama: »Kaalchen, nu maak dinen Täiler löög, die Suup is doch soa lecker. Wuvull Kinner sullen wall blide wesen, wenn se bloß 'nen halwen Täiler doarvan hadden.«
»Ja Mama«, seg Kaalchen, »dann was ick ock blide.«

Buschbohnen

Holländischer Eintopf

500 g Gehacktes	mit
2 EL Öl	und
400 g Zwiebeln (fein gewürfelt)	in einem Topf anbraten.
500 ml Wasser	mit
2 – 4 Brühwürfel (Gemüsebrühe)	zugeben.
500 g Kartoffeln	und
500 g Möhren	schälen, waschen, würfeln, zugeben und 15 Minuten garen. Mit
Salz, Pfeffer	abschmecken.

> Dazu schmeckt Apfelmus.

Groafschupper!

Of gut, of slecht de Tieden,
Of worm et is, of kault,
Of 't störmt van alle Sieden:
Bliewt fast, en altied hault
de Groafschupp hoch in Ehren,
in Ehr'dat platte Woart!
Loat noit ut Hatt U schören
De aule, gaude Oart!

(Carl van der Linde, Heimatdichter)

Zwiebeln und Möhren im Garten

Kürbis-Curry-Suppe

1 Zwiebel	schälen, fein hacken.
1 Stange Porree	putzen, längs aufschneiden, waschen und in feine Streifen schneiden.
2 EL Olivenöl	in einem großen Topf erhitzen und Zwiebeln und Porree darin kurz andünsten.
1½ EL Zucker	darüberstreuen und leicht bräunen lassen. Mit
1 l Gemüsebrühe	angießen.
600 g Hokkaido-Kürbis	Kerne und weiche Teile entfernen. Das Fruchtfleisch mit Schale in Würfel schneiden und in den Topf geben.
1 Apfel	waschen, Kerngehäuse entfernen, in Spalten schneiden, dazugeben. Mit
Salz, Pfeffer	sowie
1 – 2 TL Currypulver	würzen. Etwa 25 bis 30 Minuten zugedeckt garen lassen.
100 ml Sahne	unterrühren, heiß werden lassen und alles cremig pürieren.

> Geröstete Kürbiskerne über die Suppe streuen.

Der Herbst kommt. Die Kürbisse werden reif.

Ofensuppe (für 8 Personen)

1 kg Gulasch oder Gyrosfleisch	in
2 EL Öl	anbraten, mit
Pfeffer, Salz	würzen und in einen ofenfesten Topf geben.
500 g Zwiebeln	würfeln und auf das Fleisch geben.
825 g Champignons in Scheiben (aus der Dose)	ohne Saft auf die Zwiebeln verteilen.
475 g Erbsen (aus der Dose)	mit Saft hinzufügen.
475 g Ananas (aus der Dose)	mit etwas Saft – wenn man es süß mag, ruhig etwas mehr – dazugeben.
250 g Mais (aus der Dose)	sowie
175 g Tomatenpaprika (aus dem Glas)	mit Saft in den Topf schichten.
250 g Curry-Ketchup	sowie
250 g Chilisoße	und
500 – 750 ml Sahne	darübergeben, nicht umrühren. Etwa 2 Stunden bei 180 °C garen, anschließend umrühren und nach Belieben mit
Tabasco, Brühe	abschmecken.

> Diese Suppe lässt sich gut am Vortag vorbereiten.

Dreihus in Ohne – eine Dorfkneipe mit Tradition

Ein Dorf wird aktiv – gemeinsame Flachsernte mit reiner Körperkraft.

Ohner Kirche

Von Sini Koopmann

In der Ortschaft Ohne steht die älteste Kirche der Grafschaft. Der Mittelteil wurde zwischen 1220 und 1225 in romanischem Stil errichtet. Der trutzig wirkende Turm entstand unmittelbar danach. Durch Umbau und Erweiterung des Mittelschiffs, nunmehr im gotischen Stil, erhielt die Kirche erst gegen Ende des 15. Jahrhunderts ihr heutiges Aussehen.
Acht wuchtige »S«-förmige Eisenanker stützen das Mauerwerk des Turmes. Im Volksmund wurde daraus: Sonst Sehr Solide, Sonntags Saufen Sie Schümerschen Schnaps.
Schon vor der Zeit Karls des Großen galt Ohne mit einer wahrscheinlich in Holz errichteten Kirche als ein wichtiger Stützpunkt im Rahmen der christlichen Missionierung. Die älteste erhaltene Urkunde stammt aus dem Jahre 1110. Danach feierte Ohne 2010 sein 900-jähriges Kirchen- und Gemeindejubiläum.

Ohner Kirche

»raumsichten« in Ohne: eine Brücke zum Betrachten und Nachdenken. »Brücke Laßnitz«. Ein offenes Museum – Skulpturenroute – startete in den Niederlanden am Unterlauf der Vechte mit dem Titel »kunstwegen« und erfuhr eine Erweiterung mit »raumsichten« vechteaufwärts bis zur Landesgrenze Nordrhein-Westfalen. Eine Eisenbahnbrücke aus der Steiermark wurde 2012 nach Ohne transportiert und über der Vechte wieder aufgebaut. *(Marja Asche)*

Suppen und Eintöpfe

Pikante Käsesuppe (für 6 Personen)

500 g gewürztes Mett	in
2 EL Öl	in einer Pfanne anbraten.
700 g Puszta-Salat (aus dem Glas)	und
500 g passierte Tomaten (aus der Dose)	
200 g Sahne-Schmelzkäse	
200 g Kräuter-Schmelzkäse	sowie
125 ml Sahne	dazugeben, gut durchrühren und kurz aufkochen lassen. Nach Belieben und Geschmack noch
Brühe	hinzufügen.

Kapelle in Hesepe von 1953. Der Ursprung ist vor der Reformation, vermutlich 14./15. Jahrhundert. Neogotische Gestaltung, Kanzel von 1776. Bei dieser »Kapelle auf dem Bauernhof« war seit Generationen der Bauer auch als Küster tätig. Ohne Landfrau Fenna Boermann gibt es kein Mittagsgeläut.

Bügeleisenhaus in Engden, um 1918 erbaut. Das zweistöckige Wohnhaus entstand, weil die Bauern dem Bauherrn nur die kleine Fläche zwischen zwei Wegen zur Verfügung stellten. Durch den ungewöhnlichen Zuschnitt, in Form eines Bügeleisens, gibt es im Haus keinen rechten Winkel. *(Hermine Oldekamp)*

Suppen und Eintöpfe

Paprika-Chili-Suppe

3 EL Zucker	in einen Topf geben.
2 EL Butter	dazugeben und leicht karamellisieren lassen.
2 rote Paprikaschoten	putzen, entkernen, in Würfel schneiden.
2 Fleischtomaten	würfeln.
2 Zwiebeln	schälen und würfeln. Alles Gemüse in den Topf geben und anschmoren.
300 ml Apfelsaft	mit
400 ml Brühe	aufgießen und 15 bis 20 Minuten garen lassen. Die Suppe dann pürieren und mit
Salz, Curry, Chili	abschmecken.
300 g Hähnchenbrustfilet	würfeln und in
2 EL Öl	in einer Pfanne braten, mit
Chili, Salz, Pfeffer	würzen und in die Suppe geben.
150 g Schmand	einrühren und servieren.

> Dazu schmecken knusprige Toastecken.

Rote Paprika ist bald reif.

Der Kornspeicher Dobbe in Engden, auch volkstümlich »Spieker« genannt, ist um etwa 1800 gebaut worden. Er ist immer noch in Privatbesitz und gilt als das älteste erhaltene Gebäude einer bäuerlichen Kornbrennerei in Nordwestdeutschland. Ein Schornstein zeugt von der industriellen Nutzung. Somit ist er ein bedeutendes Industriedenkmal. *(Hermine Oldekamp)*

Grünkohlauflauf

2 Zwiebeln	würfeln. Die Hälfte der Zwiebelwürfel in einem Topf mit etwas
Margarine	goldbraun dünsten.
600 g TK-Grünkohl oder 1 kg frischer Grünkohl (geputzt, grob gehackt)	hinzugeben. Etwas Flüssigkeit dazugeben und garen lassen. Mit
Salz, Pfeffer, Paprika	kräftig würzen.
400 g Gehacktes	mit
2 EL Öl	in einer Pfanne gut anbraten. Die restlichen Zwiebelwürfel hinzugeben und mit anbraten.
2 EL Tomatenmark	und
2 EL Crème fraîche	hinzufügen.
400 g gekochte Kartoffeln	würfeln und mit dem Grünkohl mischen. Die Zutaten in eine Auflaufform schichten: Grünkohl-Kartoffel-Mischung, Gehacktes, Grünkohl-Kartoffel-Mischung
200 ml Fleischbrühe	dazugeben und
50 g durchwachsene Speckwürfel	darüber verteilen. Den Auflauf bei 200 °C etwa 30 Minuten im Backofen garen. Anschließend noch 10 Minuten mit Alufolie oder Deckel zugedeckt ziehen lassen.

Drachenbootrennen auf dem Quendorfer See

Gemüse- und Backofengerichte

Annas Gemüseauflauf

Je 1 rote, grüne, gelbe Paprikaschote	waschen, vierteln, Kerne und Scheidewände entfernen und in kleine Stücke schneiden.
3 mittelgroße Zucchini	waschen und in dünne Scheiben schneiden.
1 Gemüsezwiebel	fein würfeln und alle Zutaten mischen. Mit
je ½ TL Majoran, Salz, Pfeffer	würzen und in
2 EL Öl	15 Minuten dünsten.
250 ml Milch	mit
125 g Crème fraîche	und
5 Eier	verquirlen und mit
Majoran, Salz, Pfeffer	kräftig würzen. Das Gemüse in eine Auflaufform geben und die Eiermasse darübergießen. Bei 175 °C etwa 40 Minuten ohne Deckel stocken lassen. Eventuell mit einer Gabel einstechen, damit Flüssigkeit abdampfen kann.

> Passt als Beilage zum Grillen.

Der Quendorfer See – gerne auch Quenni genannt

Quendorfer See im Winter

Kräuterhähnchen-Auflauf

4 Hähnchenfilets	würfeln. Mit
Salz	sowie
Kräuter der Provence	würzen und in
1 EL Sonnenblumenöl	anbraten, beiseitestellen.
250 g Kirschtomaten	halbieren und beiseitestellen.
200 ml Sahne	mit
200 g Sahne-Schmelzkäse	und
Pfeffer, Salz	in einem Topf aufkochen lassen.
2 EL Kräuterbutter	in einer Pfanne schmelzen,
2 Scheiben Toastbrot	würfeln und darin leicht anrösten. Fleisch und Tomaten in eine gefettete Auflaufform geben, die Soße darübergießen und die Kräuter-Croûtons darauf verteilen. Im Backofen ohne Deckel bei 200 °C etwa 30 Minuten überbacken.
Kräuterbutterflöckchen	kurz vor Ende der Backzeit auf der Kruste verteilen.

Baumgruppe in typischer Grafschafter Landschaft bei Samern

Porree-Kassler-Kartoffelauflauf (6 Personen)

1 kg Kartoffeln	schälen und in Stifte schneiden (wie Pommes).
750 g Porree	putzen, halbieren, waschen und in Ringe schneiden.
750 g Kassler ohne Knochen	in Würfel schneiden und in etwas
Öl	in einer großen Pfanne kurz anbraten. Herausnehmen und in der gleichen Pfanne die Hälfte der Kartoffelstifte anbraten. Mit
Salz, Pfeffer	gut würzen. Nun den Porree dazugeben und etwa 3 Minuten unter Wenden mitbraten. Die Kartoffel-Fleisch-Porree-Mischung in eine gefettete Auflaufform geben. Die restlichen Kartoffelstifte darauf verteilen.
400 ml Milch	mit
5 Eier	verrühren und mit
Salz, Pfeffer	würzen, dann auf den Auflauf geben.
100 g geriebener Gouda	auf den Auflauf streuen. Im Backofen 50 bis 60 Minuten bei 170 °C ohne Deckel garen.

Hof Schulze-Holmer in Samern

Von Marja Asche

Der Hof Schulze-Holmer zählt zu den ältesten Gehöften in der Grafschaft. Der jeweilige Hoferbe diente über Jahrhunderte zwei Herren. Als Schulte in der Bauerschaft Samern stand er im Dienste der Bentheimer Grafen. Im Interessenforst Samerrott nahm er im Auftrag der Bischöfe von Münster holzrichterliche Aufgaben wahr. So galt der Hoferbe Holmer stets als eine Art bäuerliche Institution.

Durch glückliche Umstände sind auf dem Hof Schulze-Holmer die Nebengebäude und Stallungen aus dem 17. und 18. Jahrhundert erhalten geblieben, so dass bis heute ein Eindruck über die Hofstruktur von vor 300 Jahren erhalten geblieben ist. In den letzten Jahren sind diese Gebäude mit öffentlichen Mitteln aufwändig restauriert worden und dienen mit entsprechenden Ausstellungen heimatgeschichtlichen Zwecken.

Hof Schulze-Holmer in Samern

Wirsing-Kartoffel-Auflauf

750 g gegarte (Pell-)Kartoffeln	in Scheiben schneiden.
1 kg Wirsing	waschen, in dicke Spalten schneiden und etwa 10 Minuten in Salzwasser oder Gemüsebrühe kochen.
500 g Gehacktes	in einer Pfanne mit etwas
Öl	anbraten und mit
Salz, Pfeffer	würzen.
600 g geschälte Tomaten (aus der Dose)	abtropfen lassen und klein schneiden. Eine Auflaufform mit
1 TL Margarine	ausstreichen und die Zutaten hineingeben. Zunächst die Tomaten, danach den Wirsing, das Gehackte und zum Schluss die Kartoffeln. Jede Schicht mit
Salz, Pfeffer	würzen.
1 Eigelb	mit
200 g Schmand	sowie
100 – 150 g geriebener Gouda	verrühren und über die Kartoffeln geben. Im vorgeheizten Backofen bei 200 °C ohne Deckel etwa 15 bis 20 Minuten backen.

Leckeres aus dem Gemüsebeet

Spargel-Eier-Auflauf

8 Eier	hart kochen, pellen, in Scheiben schneiden.
1 kg geschälter Spargel	in
2 l Salzwasser	garen, dann abgießen.
300 g Kochschinken	in Würfel schneiden. Alle Zutaten abwechselnd in eine gefettete Auflaufform schichten.
1 Pck. Spargelcremesuppe (instant)	mit
125 ml Sahne	
2 EL Spargelwasser	sowie
2 EL gehackte Petersilie oder Kräutermischung	verrühren und über den Auflauf gießen.
100 g Toastbrot	würfeln und darübergeben.
50 g geriebener Käse	darüberstreuen. Den Auflauf bei 180 °C etwa 30 Minuten im Backofen ohne Deckel garen.

Tortellini-Auflauf mit Broccoli

250 g Tortellini	in Brühe oder Salzwasser kochen, dann abgießen.
200 g Pilze (aus der Dose)	abtropfen lassen.
150 g Broccoli	putzen und in feine Röschen schneiden.
150 g Kochschinken	in Würfel schneiden.
1 Zwiebel	schälen und würfeln.
200 g Crème fraîche	mit
1 Pck. Sauce hollandaise (instant)	verrühren. Alle Zutaten mischen, mit
Salz, Pfeffer	würzen und in eine gefettete Auflaufform geben.
100 g geriebener Käse	darüberstreuen. Bei 180 °C ohne Deckel etwa 30 Minuten im Backofen garen.

Stolzer Hahn

Zwiebelkuchen vom Blech

350 g Mehl	in eine Schüssel geben und eine Mulde hineindrücken.
1 Würfel Hefe (42 g)	in die Mulde bröckeln.
1 TL Zucker	über die Hefe streuen.
3 EL lauwarme Milch	über das Hefe-Zucker-Gemisch gießen und 15 Minuten an einem warmen Ort gehen lassen.
100 ml Milch	mit
1 Ei	
4 EL Öl	
½ TL Salz	sowie
schwarzer Pfeffer	zum Vorteig geben und verkneten. Nochmals 30 Minuten gehen lassen.
1 kg Zwiebeln	pellen, in feine Ringe schneiden und in
40 g Butter	dünsten.
100 g durchwachsener Speck	würfeln.
3 Eier	mit
250 ml Sahne	und
Salz, Pfeffer	verquirlen. Den Hefeteig auf einem gefetteten Backblech ausrollen und den Rand hochziehen. Die Zwiebelringe auf dem Boden verteilen, den Speck darüberstreuen und die Sahnemasse gleichmäßig darübergießen. Im vorgeheizten Backofen bei 200 °C etwa 40 Minuten backen.

Landschaft südlich von Gildehaus

Heergods Natuur

O maakt nich alle grund torecht
tot akkerland, tot maat en weide,
laat hier en door een hökien frij,
een strepien fen, een stükkien heide,
dat hier en door een steechien blif
sa as et uns de heergod gif.

O haut nich alle hegen fut,
verbrant nich all' dee brömmelbüsche,
en maakt nich alle kölke to,
woor wild noch grööjt wee'n, löis en rüschen.
Laat wassen doch den gellen braam,
den wagebus, den barkenbaam!

Noch is't unse Graafschup mooj:
O sorgt doch, dat dat sa mag blieven!
Wij möt uut unse Moderland
nich alle mojigkeid verdrieven!
En'n möösjsten goor up de duur,
dat is en blif doch Gods natuur!

Drüm maakt nich alle grund torecht,
tot akkerland, tot maat en weide,
laat hier en door een hökien frij,
een strepien fen, een stükkien heide,
dat hier en door een steechien blif,
sa't unse Leven Heer uns gif!

(Karl Sauvagerd, Heimatdichter)

Ostmühle in Gildehaus bei Nacht

Pikanter Käsekuchen

125 g Mehl	mit
75 g Haferflocken	und
½ gestr. TL Backpulver	
1 Prise Salz	
120 g Butter	sowie
1 Ei	mischen und mit bemehlten Händen einen Teigkloß formen. Den Teig 20 Minuten kalt stellen. Eine Springform fetten, den Boden mit zwei Dritteln des Teiges auslegen. Den Rest am Rand etwa 3 cm hochdrücken. Mit einer Gabel mehrmals einstechen. Bei 200 °C etwa 10 Minuten vorbacken.

Der Belag

250 g Schinken	würfeln.
250 g Gouda	reiben.
250 g Champignons	in Scheiben schneiden und
1 Zwiebel	fein hacken. Alle Zutaten in einer Schüssel mischen.
2 Eier	mit
250 ml Milch	
250 ml Kondensmilch	und etwas
Salz	verquirlen.
40 g Haferflocken	dazugeben. Die vorbereiteten Zutaten auf dem vorgebackenen Boden verteilen, die Eiermilch darübergießen und mit
50 g Butterflöckchen	belegen. Bei 200 °C etwa 40 bis 50 Minuten fertig backen.

Alte Kirche am Markt in Nordhorn

Porreetorte mit Ziegenkäse

Der Teig

200 g Mehl	in eine Schüssel geben.
125 g gekühlte Butter	grob würfeln und dazugeben.
2 Eigelb	mit
1 Prise Salz	und
1 EL kaltes Wasser	dazugeben und zu einem glatten Teig verkneten. Auf der bemehlten Arbeitsfläche ausrollen, den Boden einer Springform damit belegen und mehrmals einstechen. Aus den Teigresten einen Rand in der Springform 3 cm hochdrücken.

Der Belag

1 kg Porree	putzen, halbieren, waschen und in Ringe schneiden.
80 g durchwachsener, geräucherter Speck	würfeln und in einer Pfanne leicht bräunen, dann aus der Pfanne nehmen. Die Porreeringe im Speckfett etwa 5 Minuten andünsten und den Speck wieder zugeben. Mit
Salz, Pfeffer	würzen und die Porreemischung auf den Teig geben.
200 g Ziegenfrischkäse	darüber verteilen.
250 g Crème fraîche	mit
1 Ei	
2 EL Sahne	sowie
1 TL Senf	glatt rühren und über den Käse gießen. Die Torte im vorgeheizten Backofen bei 180 °C etwa 30 bis 35 Minuten backen.

> Die Torte in der Form etwas abkühlen lassen, dann den Ring lösen und möglichst noch warm servieren.

Povelturm bei Nacht

Grafschafter Sauerkraut mit Apfel

3 – 4 EL Öl	erhitzen.
1 Zwiebel	würfeln und darin andünsten.
750 g Sauerkraut	zugeben.
2 – 3 Äpfel	schälen, würfeln oder in Scheiben schneiden und zum Kraut geben.
200 ml Wasser	angießen.
Salz	sowie
2 – 3 Wacholderbeeren	und
Zucker	dazugeben, etwa 25 bis 30 Minuten garen. Nach Belieben
1 rohe Kartoffel	zum Binden hineinreiben.

> Variation Ananaskraut: Sauerkraut ohne Äpfel dünsten, dafür etwa 4 Ananasscheiben in Stücken untermischen.

Gemüse- und Backofengerichte

Rotkohl

1 Kopf Rotkohl	Den Strunk entfernen und fein schneiden oder hobeln, so dass man 1 Kilogramm geschnittenen Rotkohl erhält.
40 g Butterschmalz	in einem größeren Topf zerlassen.
1 große Zwiebel	schälen, klein würfeln und darin dünsten, den geschnittenen Kohl zugeben.
2 EL Branntwein-Essig	und
2 TL Salz	
1 Stange Zimt	
4 TL Zucker	
3 Nelken	sowie
1 Lorbeerblatt	zugeben.
4 säuerliche Äpfel	schälen, vierteln, entkernen, zum Kohl geben und das Ganze 40 Minuten gut köcheln lassen.

Im Dampfdrucktopf beträgt die Garzeit nur 8 Minuten.

Schlossteich in Bad Bentheim mit Blick auf das singende Schwein aus dem Projekt »raumsichten«

Gemüse- und Backofengerichte

Wirsingkohl

1,25 kg Wirsing	putzen, halbieren, den Strunk herausschneiden, grob würfeln und waschen.
1 Zwiebel	schälen, würfeln.
25 g Öl	in einem Topf erhitzen, die Zwiebelwürfel darin glasig andünsten, den Wirsing dazugeben und gut dünsten.
125 ml Wasser	angießen.
½ TL Salz	dazugeben und etwa 15 Minuten im geschlossenen Topf weiterdünsten.
1 EL Mehl	überstäuben. Etwas
Milch, Sahne oder Kondensmilch	hinzufügen. Mit
Salz, Muskat	abschmecken.

»raumsichten« im Samerrott. Eine Glasscheibe durchschneidet am westlichen Waldrand des Samerrott den Erdwall, der Privat- von Gemeindeeigentum trennt. Ihre Silhouette gibt den Umriss einer Aquarellzeichnung von Albrecht Dürer (1471 bis 1529) wieder.
(Christoph Schäfer, 2011)

Holzaktion im Samerrott – eine »Ricke«

Der Rabenbaum im Samerrott

Von Marja Asche

Am Rande des Interessenforstes Samerrott stand einst eine mächtige Eiche. Ihr Stammumfang betrug elf, der Durchmesser drei Meter. Über dieses mächtige Naturwunder entwickelten sich im Laufe der Zeit Sagen und Legenden. Darauf könnte auch der Name »Rabenbaum« hindeuten. Schließlich waren zwei Raben in der germanischen Götterwelt Boten und Kundschafter Wotans.
1647 ist der Baum, zwischenzeitlich bereits innen hohl geworden, durch Blitzeinschlag abgestorben. Aber bis zum Ende des 19. Jahrhundert hielten sich noch Nottriebe, bis 1876 durch Brandstiftung auch der restliche Stamm vernichtet wurde.
Heute ist nur noch ein mit Eisenreifen gesicherter Eichenpfostenring zu sehen, der symbolisch den einst so riesigen Baum in Erinnerung hält.
Zur Zeit der Reformation soll Jan Kuiper, einer der führenden Wiedertäufer, im hohlen Stamm Zuflucht gesucht haben. Samersche Bauern sollen den schwer Verwundeten hier gefunden, gesund gepflegt und vor der Auslieferung an den Bischof von Münster gerettet haben.

Der Rabenbaum im Samerrott

Schlüsselblumen im Samerrott

Bauernfrühstück

750 g Kartoffeln	waschen, 30 Minuten in der Schale kochen. Mit kaltem Wasser abschrecken, Schale abziehen, kalt werden lassen, in Scheiben schneiden.
80 g durchwachsene Speckwürfel	in einer Pfanne anbraten und die Kartoffeln zugeben.
Salz	hinzufügen und die Kartoffeln hellbraun rösten.
3 Eier	mit
3 EL Milch	und etwas
Salz	verquirlen.
125 g Schinkenwürfel	dazugeben.
2 Tomaten	häuten und achteln. In die Eiermilch geben, mischen und über die Kartoffeln gießen. Mit Deckel stocken lassen. Das Bauernfrühstück ist gar, wenn die Eiermasse fest ist.
Schnittlauch	überstreuen und servieren.

Ein Sack voller Kartoffeln

Zur Mahnung für den Frieden – das Kriegerdenkmal in Emlichheim

Emlichheimer Kartoffelgratin in Senfsoße

800 g Kartoffeln	schälen, in Scheiben schneiden, in
2 l Salzwasser (kochend)	geben, einmal aufkochen lassen und abgießen. Mit etwas
Margarine	eine flache Auflaufform einfetten, die Kartoffelscheiben hineingeben und mit
Pfeffer	bestreuen.
1 Zwiebel	sowie
1 Knoblauchzehe	schälen, fein würfeln und in
30 g Margarine	andünsten.
2 – 3 EL Senf	dazugeben und
250 ml Gemüsebrühe	angießen.
125 ml Sahne	dazugeben und mit
Salz	abschmecken. Senfsoße über die Kartoffeln gießen und
50 g geriebener Käse	überstreuen. Bei 180 °C etwa 40 Minuten ohne Deckel backen.

Falsche Fritten (Kartoffelspalten)

1 kg Kartoffeln	waschen, bürsten und in Spalten schneiden (je nach Größe der Kartoffel diese vierteln oder achteln). Die Kartoffelspalten in eine Plastiktüte füllen, dann
2 TL Pommesgewürz	sowie
3 EL Rapsöl	hineingeben und alles gut durchschütteln. Nun die Kartoffelspalten auf ein mit Backpapier ausgelegtes Backblech geben und je nach Größe der Kartoffelspalten etwa 30 bis 45 Minuten auf der mittleren Schiene im Backofen bei 200 °C garen.

Sie können Pommesgewürz auch selbst mischen: 1 gestr. TL Salz, 1 gestr. TL Pfeffer, 1 gestr. TL Paprika rosenscharf, ½ TL Chili, ½ TL Curry.

Die Lieblingsbeschäftigung der Grafschafter im Winter – Schaasenjagen; hier im Hafen von Emlichheim

Emsland-Group – Kartoffelstärkefabrik in Emlichheim mit Kartoffelanlieferung

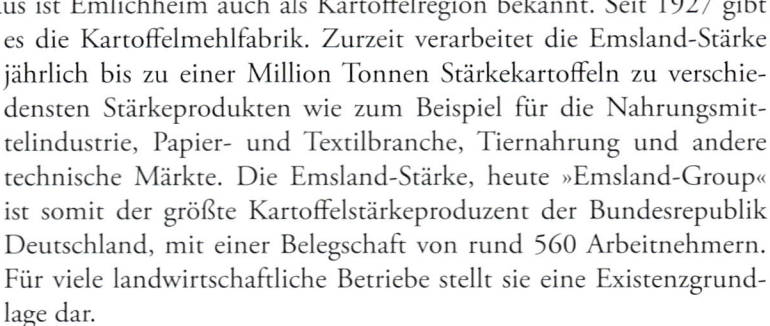

Emlichheim im Nordwesten des Landkreises

Von Anita Nykamp

Emlichheim wurde 1312 das erste Mal urkundlich erwähnt. Idyllisch gelegen zwischen Vechte und Kanal liegt die Samtgemeinde Emlichheim im Nordwesten des Landkreises Grafschaft Bentheim, unmittelbar an der deutsch-niederländischen Grenze. Die Samtgemeinde Emlichheim umfasst die Gemeinden Emlichheim, Hoogstede, Laar und Ringe. Sie hat rund 14 400 Einwohner. Emlichheim alleine hat etwa 7000 Einwohner.

Man kann die örtlichen Besonderheiten und attraktiven Sehenswürdigkeiten sehr gut mit dem Fahrrad erkunden und entdecken. Emlichheim wurde 2008 als fahrradfreundlichste Kommune Niedersachsens ausgezeichnet. Es gibt viele schöne Strecken durch das romantische Vechtetal und entlang des Coevorden-Piccardie-Kanals.

Über die Grenzen hinaus ist Emlichheim auch als Kartoffelregion bekannt. Seit 1927 gibt es die Kartoffelmehlfabrik. Zurzeit verarbeitet die Emsland-Stärke jährlich bis zu einer Million Tonnen Stärkekartoffeln zu verschiedensten Stärkeprodukten wie zum Beispiel für die Nahrungsmittelindustrie, Papier- und Textilbranche, Tiernahrung und andere technische Märkte. Die Emsland-Stärke, heute »Emsland-Group« ist somit der größte Kartoffelstärkeproduzent der Bundesrepublik Deutschland, mit einer Belegschaft von rund 560 Arbeitnehmern. Für viele landwirtschaftliche Betriebe stellt sie eine Existenzgrundlage dar.

Fietsen ist eine Lieblingbeschäftigung der Grafschafter.

Für Zwischendurch

Außerdem befinden sich in Emlichheim vier Kirchen. Die evangelisch-reformierte Kirche liegt umrahmt von großen Eichen auf einer kleinen Anhöhe und wurde aus Bentheimer Sandstein vermutlich zwischen 1150 und 1200 errichtet. Die Kirche dokumentiert in ihrem Gebäude jahrhunderte alte Architekturgeschichte. Bemerkenswert sind der romanische Taufstein, Reste der vorreformatorischen Kirchenausmalungen und die wohlklingenden, historischen Glocken.

Die katholische Kirche St. Josef wurde 1710 erbaut. Aufgrund von verschiedenen Schäden und fehlender Kirchenplätze wurde Ende 1975 eine neue Kirche, wieder mit dem Namen St. Josef, geweiht. Die alte Kirche wurde abgerissen, nur der Turm blieb erhalten und wurde restauriert.

Die evangelisch-altreformierte Kirche wurde 1882 gebaut und hatte 500 Sitzplätze. Sie wurde 1925 auf 680 Plätze erweitert. Als der Kirchenraum dann auch nicht mehr ausreichte, wurde 1982 der Grundstein für eine neue Kirche gelegt. Die Kirche ist in Form eines Zeltes gebaut worden und in der Dorfmitte zu finden.

1954 wurde die evangelisch-lutherische Friedenskirche geweiht. Das Holzgestühl, die hölzernen Dachträger und die individuelle Beleuchtung in den Bänken geben eine warme Atmosphäre. Hervorzuheben ist das große Glasmosaikfenster hinter dem Altar. 1992 wurde die Kirche grundlegend renoviert und steht als eines der ersten Kirchengebäude der Nachkriegszeit unter Denkmalschutz.

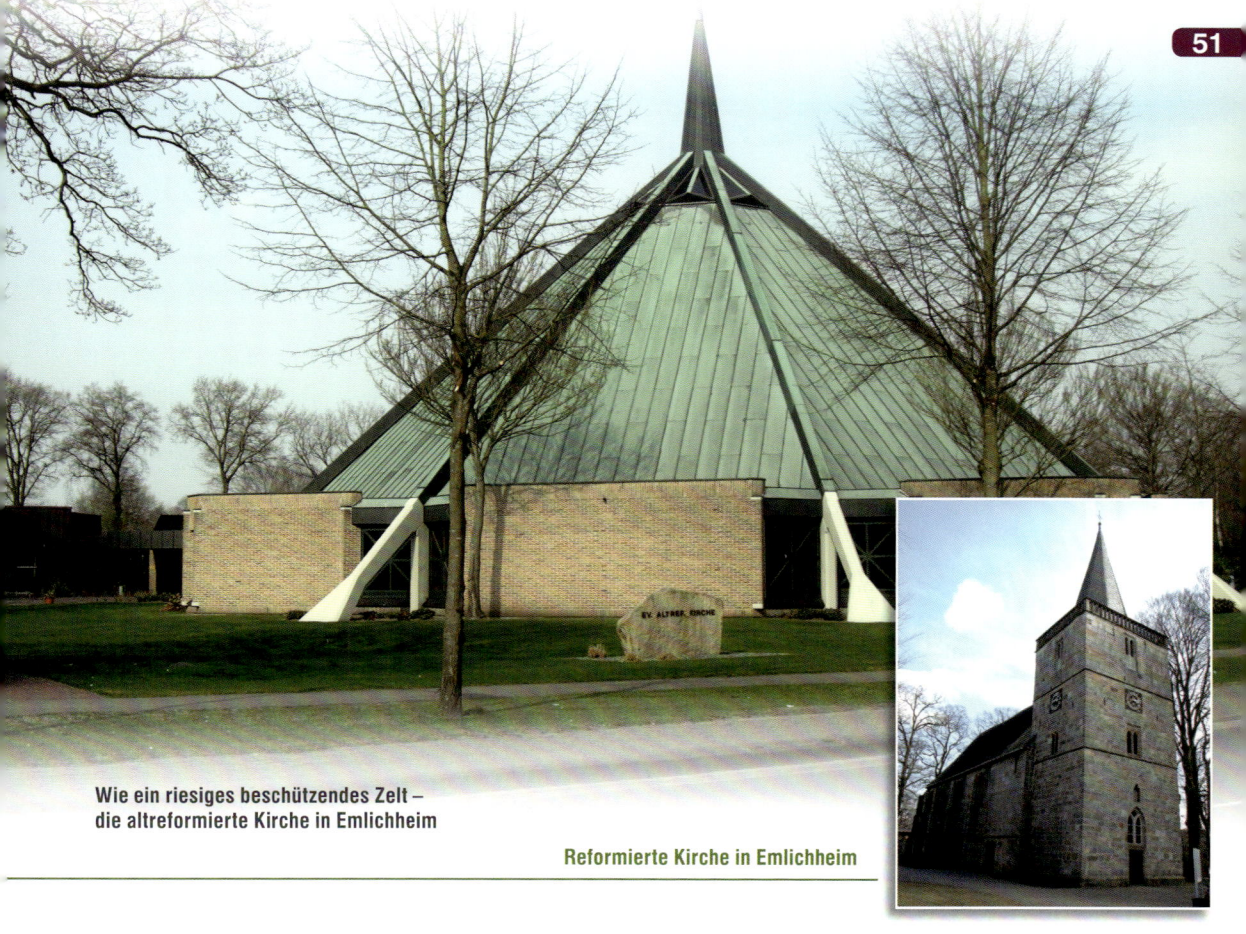

Wie ein riesiges beschützendes Zelt – die altreformierte Kirche in Emlichheim

Reformierte Kirche in Emlichheim

Kartoffelpizza

500 g Möhren	sowie
1 kg Kartoffeln	waschen, schälen und fein reiben.
1 Stange Porree	putzen, längs halbieren, waschen und in feine Ringe schneiden.
6 Eier	verquirlen,
2 EL Mehl	zufügen und mit
Salz, Pfeffer, Majoran	abschmecken. Das Gemüse zu den Eiern geben und zu einem Teig verrühren, auf ein mit Backpapier ausgelegtes Backblech geben. Auf mittlerer Schiene bei 180 °C (Ober-/Unterhitze) etwa 25 Minuten vorbacken.
200 g Kochschinken	in Würfel schneiden und auf die Pizza streuen.
4 Tomaten	in Scheiben schneiden und darauflegen.
2 Paprikaschoten	putzen, Kerne entfernen und in Würfel schneiden, auf der Pizza verteilen.
300 g Mozzarella	in Scheiben schneiden, auf die Pizza legen.
Oregano	darüberstreuen und die Pizza noch 15 Minuten fertigbacken.

Kartoffelblüte – ein Meer von Blüten

Kartoffelauflauf

1 kg gegarte (Pell-)Kartoffeln	in Scheiben schneiden.
300 g Porree	putzen, längs halbieren, waschen, in feine Ringe schneiden.
2 rote Paprikaschoten	waschen, vierteln, Kerne und Scheidewände entfernen, würfeln.
250 g Kochschinken	würfeln.
2 – 3 Zweige Thymian	abbrausen, trocknen und die Blättchen fein schneiden.
1 – 2 EL Butter oder Margarine	in einer Pfanne zerlassen, Porree, Paprika und Schinken kurz dünsten. Mit
1 TL Margarine	eine Auflaufform ausstreichen, die Kartoffeln einfüllen. Darauf die Gemüse-Schinken-Mischung geben, darüber den Thymian streuen.
200 g Kräuterfrischkäse	glatt rühren.
300 ml Milch	sowie
1 EL Senf	dazugeben, verrühren und mit
Salz, Pfeffer	kräftig abschmecken. Die Mischung über den Auflauf gießen. Im vorgeheizten Backofen bei etwa 200 °C ohne Deckel 30 bis 40 Minuten backen.

Reibekuchen

1½ kg Kartoffeln	schälen und fein reiben.
2 Zwiebeln	in feine Würfel schneiden.
3 Eier	mit den Zwiebeln unter die Kartoffeln mengen. Mit
1 TL Salz	würzen.
Schmalz oder Olivenöl	in einer Pfanne erhitzen und jeweils 1 Esslöffel Teig darin ausbacken. Die Reibekuchen sollen von beiden Seiten goldgelb sein.

1 Esslöffel Mehl oder feine Haferflocken zum Kartoffelteig geben: Damit wird die Flüssigkeit etwas gebunden. Besonders lecker mit Apfelmus als Beilage.

Kartoffelsortieren wie damals

Kartoffel-Möhren-Gratin

500 g Möhren	schälen und in dünne Scheiben schneiden.
1 kg festkochende Kartoffeln	schälen und ebenso in dünne Scheiben schneiden. Von
10 Stiele Thymian	die Blättchen abzupfen.
2 Zwiebeln	fein würfeln. Eine feuerfeste Form mit etwas
Butter	einfetten. Möhren, Kartoffeln, Zwiebeln und Thymian in der Form verteilen, mit
Salz, Pfeffer, Muskat	würzen.
200 ml Gemüsebrühe	mit
200 ml Sahne	aufkochen und über die Zutaten geben.
1 Brötchen vom Vortag	raspeln. Die Brösel mit
60 g gehackte Haselnusskerne	mischen und über das Gratin streuen. Im heißen Ofen bei 180 °C auf mittlerer Schiene ohne Deckel 1 Stunde backen.

Schmeckt auch sehr lecker mit Schinken- oder Mettwurstwürfeln.

Speckkartoffeln

4 – 5 mittelgroße Kartoffeln (pro Person)	mit Schale garen und pellen. Mit
Pfeffer	würzen.
Magerer Speck	in dünne Scheiben schneiden. Um jede Kartoffel eine Scheibe Speck wickeln und in eine ofenfeste Form legen. Bei 225 °C ohne Deckel etwa 30 Minuten backen.

Ziegenbrunnen in Schüttorf. Die Ziege war die Kuh des kleinen Bürgers. Die Skulptur zeigt eine Frau, die ihre widerspenstigen Ziegen zum »Bock« zieht, der wegen seines Gestankes vor der Stadt im Stall steht. *(Sini Koopmann)*

Ziegenlied:
Ziegen im Ziegenstall, Ziegen gibt's überall,
Ziegen bei uns zu Haus, drei an der Zahl,
eine verkaufen wir, eine versaufen wir,
eine behalten wir für unseren Bock! *(Verfasser unbekannt)*

Börgelings Mühle, Schüttorf

Von Marja Asche

In den feudalen Jahrhunderten stand die Nutzung der Kräfte von Wind und Wasser nur den Landesherren zu. So waren es auch die Grafen von Bentheim, die wahrscheinlich schon im Hochmittelalter an einem künstlich angelegten Seitenarm der Vechte eine Wassermühle erbauen ließen. Sie diente anfangs als Roggen- später auch als Öl- und Sägemühle. Auch als Lohmühle zur Zerstückelung von Eichenteilen für Gerbzwecke wurde sie genutzt. Ende des 19. Jahrhunderts ging die Mühle in den bürgerlichen Besitz der Müllerfamilie Börgeling über. Heute dient sie als Staustufe nur noch wasserwirtschaftlichen Zwecken.

Der berühmte niederländische Maler Jacob van Ruisdael (1628 bis 1682) hat die Mühle, wie sie um 1650 ausgesehen haben mag, in seinem Gemälde »Drie Watermolen« eindrucksvoll für die Nachwelt erhalten.

Börgelings Mühle in Schüttorf

Annaheim in Schüttorf: Das ehemalige Krankenhaus ist heute ein Seniorenwohnstift.

Kartoffelgerichte

Kartoffelwaffeln

500 g gekochte Kartoffeln
2 TL Salz
200 g geriebene Zwiebeln
3 Eier
500 ml Milch
1 Pck. Backpulver
250 – 300 g Mehl

durch die Kartoffelpresse drücken und mit

sowie

zu einem geschmeidigen Teig verrühren. Das Waffeleisen erhitzen, einfetten und den Teig portionsweise im Waffeleisen backen.

> Dazu passt ein Frühlings- oder Knoblauchdip (Rezepte finden Sie ab Seite 174).

Rathaus in Uelsen

Uelsen im Advent

Knoblauchkartoffeln

1½ kg Kartoffeln (möglichst klein)	mit Schale kochen, dann pellen.
500 g Salatmayonnaise	mit
500 ml Sahne	und
125 ml Milch	
1 Pck. TK 8-Kräuter-Mischung oder frische Kräuter (gehackt)	
1 fein gewürfelte Zwiebel	sowie
3 gehackte Knoblauchzehen	zu einer glatten Soße verrühren und über die Kartoffeln geben. Über Nacht ziehen lassen.

> Ideal für das Grillbuffet.

Uelsen am Abend

*Nun schläft das Dorf im Abendfrieden,
und Apfelblüten hüllen's ein.
Die Nachtigall singt allen Müden,
die Wachtel mahnt vom Ackerrain.
Der Kirchturm nickt. Im Mondlichtspiele
ruhn Häuser und umbuschte Hügel.
Am Friedhof hebt die graue Mühle
ins Nachtrot betend ihre Flügel.*

(Von Ludwig Sager, aus dem Festbuch »850 Jahre Uelsen: 1131 – 1981«)

Uelsen bei Nacht

Senfbraten (für 8 Personen)

2 kg ausgelöstes Kotelettstück	waschen, trockentupfen und mit einem scharfen Messer längs bis zur Mitte einschneiden. Mit
Salz	innen und außen einreiben.
1 EL Pfefferkörner	zerdrücken, mit
6 EL scharfer Senf	und
½ TL zerriebenes Basilikum	
je ½ TL Salbei, Majoran	sowie
5 EL Öl	verrühren. Etwas
Petersilie	waschen und fein hacken.
2 Gemüsezwiebeln	schälen und in Würfel schneiden. Petersilie und Zwiebeln zur Gewürzmasse geben und alles gut verrühren. Die Masse in das eingeschnittene Kotelettstück geben und mit Rouladennadeln verschließen. Den Braten mit
2 EL Öl	einstreichen und in Alufolie einwickeln (die glänzende Seite nach innen). Etwa 2 Stunden bei 200 °C im Backofen braten. Danach in Scheiben schneiden.

Gut passen dazu ein gemischter Salat und in Folie gebackene Kartoffeln.

Salbei

Schweinerouladen mit Sauerkrautfüllung

4 Scheiben Schnitzelfleisch (große Scheiben, aber dünn wie Rouladen)	auf der Arbeitsplatte ausbreiten und mit
Pfeffer, Salz	würzen.
150 – 200 g Sauerkraut	auseinanderzupfen.
1 fein gewürfelte Zwiebel	untermischen, die Fleischscheiben damit belegen.
100 g Schinkenwürfel	darauf verteilen. Die Fleischscheiben aufrollen, mit Garn umwickeln oder mit Rouladennadeln zusammenhalten.
2 EL Fett	erhitzen und die Rouladen darin von allen Seiten gut anbraten.
1 Zwiebel	schälen, würfeln, zum Schluss mit anbraten.
1 EL Tomatenmark	mit
125 ml Wasser	verrühren, dazugeben und etwa 25 bis 30 Minuten gar schmoren.
Buttermilch oder saure Sahne oder Milch	aufgießen, um 500 ml Soße zu erhalten.
40 g Mehl	kalt anrühren, dann in die Flüssigkeit einrühren und nochmals aufkochen.

Dazu schmecken Rote Bete oder Selleriesalat und beliebige Beilagen.

Landschaft um Uelsen

Het Schöltien – das alte Schulhaus in Wielen

Jägerkrüstchen mit Pilzen

3 Schweinefilets (à 300 g)	waschen, trockentupfen, in je 2 bis 3 Stücke schneiden.
3 EL Öl	in einer Pfanne erhitzen und das Fleisch darin etwa 3 Minuten anbraten. Mit
Salz, Pfeffer	würzen, aus der Pfanne nehmen.
1 kg Champignons	putzen, blättrig schneiden, in dem Bratfett gut anbraten.
6 mittelgroße Zwiebeln	schälen und grob würfeln. In die Pfanne geben und ebenfalls anbraten.
370 g Pfifferlinge (aus dem Glas)	abtropfen lassen und dazugeben.
1 – 2 EL Mehl	darüberstäuben und anschwitzen.
400 ml Sahne	sowie
200 ml Gemüsebrühe	dazugeben und alles aufkochen lassen.
150 g Crème fraîche	unterrühren. Fleisch und Pilzrahm in eine gefettete Auflaufform geben, ohne Deckel bei 175 °C etwa 30 Minuten garen.
½ Bund Petersilie	waschen, fein hacken und vor dem Servieren über die Krüstchen streuen. Mit
Paprika (edelsüß)	bestäuben.

> Statt mit Schweinefilet schmeckt das Gericht auch mit Kassler, Steak oder Hähnchenfilet.

Die malerische Ruine in Lage

Geschnetzeltes unter der Kartoffelhaube

500 g Schnitzelfleisch	in Streifen schneiden und mit
Salz, Pfeffer	würzen. Etwas
Öl	in einer Pfanne erhitzen. Das Fleisch anbraten.
2 Zwiebeln	schälen und in feine Würfel schneiden.
1 Paprikaschote	halbieren, Kerne und weiße Haut entfernen, in Würfel schneiden.
250 g Pilze (aus dem Glas) oder frische Champignons	abtropfen lassen und alle Zutaten etwa 5 Minuten dünsten.
1 EL Mehl	über die Zutaten streuen. Mit
200 ml Sahne	ablöschen.
2 TL Senf	dazugeben. Etwa 5 Minuten einkochen lassen und in eine gefettete Auflaufform füllen.
700 g gekochte Kartoffeln	stampfen, mit
1 Ei	
1 EL Mehl	und
Pfeffer, Salz	eine trockene Püreemasse herstellen. Die Masse auf das Fleisch geben und im Backofen 40 Minuten bei 180 °C ohne Deckel goldgelb backen.

Dazu passt frischer Salat.

Reformierte Kirche in Lage

»Von des Schweines Rippe«

1 kleine, gewürfelte Zwiebel	und
3 gehackte Knoblauchzehen	in einem Topf mit
2 EL Öl	anbraten.
500 g ungewürzte Pizzatomaten (aus der Dose)	sowie
2 EL Worcestersoße	
2 EL Sojasoße	
1 TL Zitronensaft	
1 TL Tabasco	
50 g Ketchup	
1 EL Honig	dazugeben und die Soße bei geringer Hitze etwa 1 Stunde köchelnd eindicken und gelegentlich umrühren.
500 g Schälrippchen vom Schwein	die Silberhaut abziehen, mit
Salz, Pfeffer	würzen.
5 EL Weißwein-Essig	mit
1 Lorbeerblatt	
2 Nelken	und
1 kleine, gewürfelte Zwiebel	in einen großen Topf geben.
1 l Wasser	zugeben und zum Kochen bringen. Die Schälrippchen zugeben und bei geringer Hitze 15 Minuten garen. Die Rippchen herausnehmen, abtropfen lassen, in eine Schüssel geben und mit der heißen Soße übergießen. Über Nacht marinieren. Die Rippchen auf ein Backblech oder Grillrost legen, bei 220 °C (Grillstufe) auf mittlerer Einschubhöhe 40 Minuten schön braun grillen. Dabei einmal wenden.

Spöllberg bei Gölenkamp

Wie die Peckelbrücke zu ihrem Namen kam

Von Fenna Plöns

Im westlichen Zipfel von Niedersachsen liegt Wielen. Man kommt daran vorbei, wenn man von Uelsen aus über Itterbeck nach Hardenberg in die Niederlande fährt. Eine ganz besondere Stelle in Wielen ist die Peckelbrücke. Sie verbindet Deutschland mit Holland und geht über die Radewijkerbekke. Peckel heißt übersetzt Salz. Und die Peckelbrücke hat ihren Namen daher bekommen, weil das weiße Gold in früheren Zeiten »schwarz« über die Grenze ging.

Das Schmuggeln von Salz von Deutschland nach Holland war ertragreich, weil Holland selber keine Salzindustrie hatte und deshalb hohe Steuern für das Salz zahlen musste. Aber nicht nur Salz wurde geschmuggelt, auch deutscher Schnaps ging über die Grenze. Der Schnaps wurde in Schweinsblasen gefüllt und dann in die Radewijkerbekke gelegt. Das Wasser brachte die Blasen dann nach Holland.

Salz und Schnaps waren aber nicht das Einzige, das illegal über die Grenze ging. Das Gleiche geschah auch mit Butter, Eiern, Kaffee und sogar Schweinen, ja man kann sagen, mit allen Waren, die sich zu schmuggeln lohnten.

Das Heidegut in Wielen

Wilsumer Hackbraten

500 g Gehacktes (gemischt)	in eine Schüssel geben. Mit
250 g Quark	und
50 g Haferflocken	
1 Ei	
1 gewürfelte Zwiebel	
2 EL gehackte Petersilie	
1 – 2 TL Senf	sowie
Salz, Pfeffer, Paprika	verkneten, abschmecken und zu einem Braten formen. Den Hackbraten in eine leicht gefettete, feuerfeste Form oder in einen Bratentopf legen. Bei 200 °C (Ober- und Unterhitze) etwa 40 Minuten ohne Deckel im Backofen garen.

Reformierte Kirche in Wilsum

Bienenhotel in Wilsum

Mangoldröllchen

600 g Mangold	waschen, Stiele von den Blättern abschneiden und beides kurz blanchieren. Die Stiele in feine Streifen schneiden und mit
500 g Gehacktes	in eine Schüssel geben. Mit
1 Ei	
3 EL Paniermehl	
Pfeffer, Paprika	
Senf	und
Majoran, Thymian	zu einem würzigen Hackfleischteig verarbeiten. Je nach Größe 1 bis 2 Mangoldblätter mit etwas Hackmasse füllen und zusammenrollen – etwa 8 bis 10 Röllchen formen.
3 – 4 EL Öl	in einem Topf erhitzen und die Röllchen kurz anbraten, dann herausnehmen.
1 Zwiebel	würfeln und im Öl andünsten.
50 g Schinkenwürfel	dazugeben und kurz mitdünsten.
2 EL Tomatenmark	dazugeben.
1 EL Mehl	darüberstreuen und anschwitzen.
375 ml Wasser	unter Rühren sehr langsam dazugeben, Klümpchenbildung vermeiden, aufkochen.
100 g Sahne oder Schmand	einrühren. Mit
Salz, Pfeffer, Paprika	kräftig abschmecken. Die Mangoldröllchen dazugeben und etwa 20 Minuten leise köcheln lassen.
Kräuter (Petersilie, Maggikraut, Thymian, Dill, Majoran)	waschen, fein schneiden und kurz mitkochen lassen.

Die Soße kann mit Schmelzkäse verfeinert werden oder man gibt frische Tomaten- und Paprikawürfel dazu. Sehr gut schmecken dazu Reis, aber auch Kartoffeln oder Kartoffelbrei.

Roter Mangold

Gegrillte Frikadellen aus dem Backofen

500 g Hackfleisch	mit
1 Zwiebel (fein gewürfelt)	
1 Ei	sowie
40 g Paniermehl	zu einem Fleischteig verarbeiten und mit
½ TL Salz, Pfeffer, Paprika	würzen. Zu Frikadellen formen und in eine gefettete Auflaufform geben, unter dem vorgeheizten Backofengrill 20 bis 25 Minuten grillen, zwischendurch einmal wenden.
2 Tomaten	und
1 Paprikaschote	waschen, putzen, in kleine Stücke schneiden. Die Frikadellen mit Tomaten- und Paprikawürfel belegen.
100 g geriebener Käse	darüberstreuen und weitere 20 Minuten grillen.

Claudias Teufelstopf (für 6 Personen)

	Eine große Auflaufform mit
1 – 2 EL Öl	einfetten.
3 Tomaten	waschen, in Scheiben schneiden und den Boden damit belegen.
2 Paprikaschoten	putzen, in Streifen schneiden, darübergeben.
4 Zwiebeln	schälen und in Ringe schneiden, darüber verteilen.
500 g Gehacktes	und
500 g Gulasch	mit
Pfeffer, Salz, Paprika	kräftig würzen. Zuerst das Gehackte, dann das Gulasch in die Form geben.
300 ml Zigeunersoße (Rezept S. 168)	darübergeben. Die Form mit einem Deckel oder Alufolie verschließen. 2 Stunden bei 180 bis 200 °C garen, dabei nicht umrühren.
200 ml Sahne	vor dem Servieren einrühren.

> Dazu gibt es Kartoffeln, Nudeln oder am besten Reis.

Blick auf die reformierte Kirche in Neuenhaus

Für Zwischendurch

Rathaus Neuenhaus

*Wie stehst du da, so schmuck und schön,
das Auge kann sich satt dran seh'n.
Nach allen Seiten strahlst du aus,
altes, prächtiges Rathaus.*

*Geschlechter sahst du kommen und geh'n,
du aber bliebst bis heute steh'n.
Du bist eine Zierde der Stadt,
daran jeder seine Freude hat.*

(Von Antonia Dress, aus dem Bentheimer Jahrbuch 1983)

Rathaus Neuenhaus

Der Osterbrunnen – eine schöne Tradition in Neuenhaus

Rouladen vom Rind

4 Rouladen	mit
Senf	bestreichen und mit
Salz, Pfeffer, Paprika	würzen. Mit
8 Scheiben geräucherter, durchwachsener Bauchspeck	belegen – 2 Scheiben pro Roulade.
2 mittelgroße, saure Gurken	in Streifen oder Scheiben schneiden und an einem Ende auf die Rouladen legen.
2 Zwiebeln	schälen, waschen, halbieren, in halbe Ringe schneiden und je eine Hälfte auf die Gurken verteilen. Vom belegten Ende her fest aufwickeln und mit einer Rouladennadel feststecken. Die Rouladen in
2 EL Schmalz	von allen Seiten anbraten. Dann mit
500 ml Wasser	ablöschen und etwa 60 bis 75 Minuten schmoren. Für die Soße
20 g Mehl	mit
4 – 5 EL Wasser	anrühren und 250 ml Bratenfond von den Rouladen damit andicken.

> Im Schnellkochtopf benötigen die Rouladen nur 20 bis 25 Minuten zum Schmoren. Wer Geräuchertes nicht vertragen kann, sollte ungeräucherten Speck oder eine andere Füllung, wie zum Beispiel eine Hackfleischfüllung verwenden.

Ortsansicht von Schüttorf

Das Piggetörnken

Von Marja Asche

An der Straße von Schüttorf nach Ohne unmittelbar vor der Brücke über die Eilerings Becke steht ein altes Sandsteingemäuer, »Das Piggetörnken«. Der wuchtige Wehrturm stammt aus dem 14. Jahrhundert und war eine Art Vorposten der in dieser Zeit unter dem Bentheimer Grafen Egbert neu angelegten Wehr- und Verteidigungsanlagen der Stadt Schüttorf.

An der wichtigen Handelsroute von Münster über Schüttorf, Lingen und weiter nach Norden bildete das Piggetörnken gleichzeitig den militärisch hervorragenden östlichsten Stützpunkt der Landwehr, welche die Grafschaft Bentheim gegen Übergriffe aus dem bischöflichen Münsterland schützen sollte.

Piggetörnken in Samern

Mit dem Aufkommen der Feuerwaffen verloren Landwehr und Piggetörnken zunehmend an Bedeutung, lediglich als Wegezollstation am Übergang über die Eilerings Becke behielt der Turm noch eine Zeit lang eine Funktion.

Danach verfiel das Piggetörnken zusehends, auch wenn es ein Schüttorfer Unternehmer, der es Ende des 19. Jahrhundert erwarb, nach seinen romantischen Vorstellungen restaurierte. Um 1970 wurde es schließlich mit privaten und Mitteln der Denkmalpflege von Grund auf saniert. Weiterhin in Privathand besteht Hoffnung, dieses Zeugnis aus dem Mittelalter auch für die Zukunft erhalten zu können.

Romantischer Vechtelauf in Ohne

Rindfleisch mit Soßenvariationen

Seit über 40 Jahren wird bei Hochzeiten nach der Suppe Rindfleisch mit Zwiebelsoße gereicht. Dazu gibt es bunte Salatplatten. Danach folgt dann der Hauptgang mit verschiedenen Braten, Rouladen, Salzkartoffeln, Kroketten und Gemüseplatten.

1 kg Rindfleisch (falsches Filet, Tafelspitz oder Rinderbraten)	mit
2 – 3 l Wasser	in einem Topf zum Kochen bringen.
1 – 1½ EL Salz	dazugeben und abschäumen.
½ Stange Porree (obere grüne Hälfte)	sowie
2 – 3 Möhren	
1 Stück Sellerie	waschen, putzen und dazugeben.
1 Zwiebel	mit
2 – 3 Nelken	spicken und mit
1 Lorbeerblatt	hinzugeben. Alles etwa 2 Stunden leicht köcheln lassen. Das Fleisch in Scheiben schneiden, auf einer Platte anrichten und die Soße dazu reichen.

Zwiebelsoße

200 – 250 g Zwiebeln	schälen und fein würfeln. In einem Topf mit
50 – 60 g Butter	bei geringer Hitze glasig dünsten.
20 g Mehl	und
20 g Stärkemehl	dazugeben und unter Rühren etwa 8 bis 10 Minuten gut durchschwitzen. Mit 500 ml Brühe vom Fleisch ablöschen und mit
2 EL Weinessig	sowie
2 EL Zucker	süßsäuerlich abschmecken und wenn nötig, noch etwas nachsalzen.

Überall in Bathorn gibt es Moortümpel.

Meerrettichsoße

1 Stange Meerrettich	putzen, fein reiben,
75 g Butter	erhitzen.
30 g Mehl	in der Butter anschwitzen. Den Meerrettich dazugeben und 5 Minuten mitschwitzen. 500 ml Brühe vom Fleisch nach und nach zugießen, unter Rühren aufkochen und mit
Salz, 1 Prise Zucker	würzen. Unter häufigem Umrühren bei reduzierter Hitze etwa 15 Minuten kochen lassen.
1 Eigelb	mit
3 EL Sahne	verrühren, in die nicht mehr kochende Soße einrühren.

Dazu schmecken Salzkartoffeln oder Reis und Bohnensalat und viele andere Salatvarianten. Von der Fleischbrühe lässt sich eine leckere Suppe zubereiten. Für die Einlage kann man den unteren Teil der Porreestange in Ringe schneiden, einige Blumenkohlröschen dazugeben und eventuell noch Suppennudeln. Als weitere Einlagen eignen sich Eierstich (Rezept Seite 91) oder Zwiebackklößchen (Rezept Seite 91).
Frisch geriebener Meerrettich schmeckt intensiver als Meerrettich aus dem Glas.

»Bootsrennen« beim Loarschen Markt

Mühlentour in Laar –
Schutzhütte für Fietser im Sümpel

Fleischgerichte

Schnelle Hähnchen-Gemüsepfanne

500 g Hähnchenbrustfilet	in feine Streifen schneiden und in einer Pfanne in
1 – 2 EL Öl	anbraten. Mit
Salz, Pfeffer, Paprika	würzen, herausnehmen und warm stellen.
200 g Paprikaschoten	waschen, putzen, würfeln.
200 g Möhren	waschen, putzen, in feine Scheiben schneiden.
200 g Pilze	putzen, in feine Scheiben schneiden.
1 Gemüsezwiebel	schälen, in feine Scheiben schneiden. Das Gemüse ebenfalls in der Pfanne anbraten, dann mit
100 ml Gemüsebrühe	ablöschen und köcheln lassen.
300 g Kräuter-Frischkäse	einrühren und das Fleisch dazugeben.

Dazu schmecken Reis oder Spätzle.

Blaumeise – gerngesehene Höhlenbrüter

Störche auf frisch gemähter Wiese – wo war der Frosch?

Fleischgerichte

Hähnchenfilet mit Pfirsich

4 – 6 Hähnchenbrustfilets	in längliche Stücke schneiden und in eine hohe backofenfeste Schüssel geben.
400 ml Sahne	mit
150 g saure Sahne	
1 Pck. Zwiebelsuppe (instant)	
200 ml Pfirsichsaft (aus der Dose)	und
1 EL Speisestärke	in einem Topf verrühren. 2 Minuten kochen und anschließend über die Hähnchenbrustfilets gießen. Etwa 1 Stunde in geschlossener Form bei 190 °C im Backofen garen.
450 g Pfirsiche (aus der Dose)	klein schneiden, darübergeben und noch 10 Minuten mitbacken.

Dazu schmecken Reis oder auch Baguette und ein frischer Salat.

Vogelflug

Trauerschwäne am Mühlenkolk in Neuenhaus

Fleischgerichte

Saftige Porree-Schnitzel

250 g Schinkenspeck	würfeln, in einer beschichteten Pfanne anbraten.
1 Zwiebel	schälen, würfeln und zum Schinkenspeck geben.
250 g Champignons	putzen, in Scheiben schneiden und in der Pfanne dünsten.
5 Putenschnitzel	waschen und trockentupfen. Mit
Salz, Pfeffer, Paprika	kräftig würzen und in eine gefettete Auflaufform legen.
200 g geriebener Käse	über die Schnitzel streuen. Die Zwiebel-Pilz-Masse darauf verteilen.
300 g Porree	putzen, längs einschneiden, waschen, in Ringe schneiden und auf der Pilz-Masse verteilen.
200 g Crème fraîche oder saure Sahne	mit
200 ml Sahne	und
1 Pck. Jägersoße (instant)	glatt verrühren und darübergießen. Alles zugedeckt 24 Stunden kalt stellen. Am nächsten Tag bei 175 °C im Backofen 70 Minuten ohne Deckel garen.

Dazu schmecken Spätzle, Kartoffeln oder frisches Brot.

Dorfplatz in Hoogstede

Reformierte Kirche in Hoogstede

Knusprige Ente

1 Ente (küchenfertig)	von innen mit
Salz, Pfeffer	würzen.
2 – 3 säuerliche Äpfel	schälen, vierteln, entkernen und mit
2 EL Rosinen	mischen, dann in die Ente füllen. Mit Zahnstochern feststecken, die Ente mit der Brust nach unten auf einen Bratrost legen (mittlere Schiene). Die Fettpfanne mit Wasser füllen und unter den Rost schieben, im vorgeheizten Backofen bei 180 bis 200 °C etwa 2 Stunden garen – nach 30 Minuten die Ente umdrehen. Während des Bratens mehrmals mit Bratenfond begießen, evtl. etwas Wasser nachgießen. Nach der Garzeit die Ente herausnehmen und auf einer Platte warm stellen. Den Bratenfond entfetten und mit Wasser auf 250 ml auffüllen, aufkochen.
1 EL Mehl	mit
3 – 4 EL Wasser	anrühren, den Bratenfond damit andicken.

Mühle in Laar

Reformierte Kirche in Laar

Lachs-Lasagne mit Broccoli

1 kg Broccoli	in kleine Röschen schneiden und in kochendem Salzwasser 3 bis 5 Minuten blanchieren. Dann abgießen und die Gemüsebrühe auffangen.
30 g Butter	in einem Topf erhitzen.
1 Zwiebel	schälen, fein hacken, glasig andünsten.
40 g Mehl	hinzufügen und anschwitzen. Mit
250 ml Gemüsebrühe	
125 ml Sahne	sowie
125 ml Milch	nach und nach unter Rühren ablöschen, etwa 10 Minuten köcheln lassen. Mit
Muskat, Pfeffer, Salz	abschmecken.
½ Bund Dill	fein schneiden, hinzufügen.
75 g geriebener Gouda	dazugeben. Etwas Soße in eine Auflaufform streichen.
12 Lasagneblätter	und
250 g geräucherter Lachs (in Scheiben)	mit dem Broccoli abwechselnd einschichten und mit Soße abschließen. Im vorgeheizten Backofen bei 175 °C etwa 45 Minuten ohne Deckel backen. Evtl. zwischendurch mit Pergamentpapier abdecken.

Wallfahrtskirche in Wietmarschen

Fisch in Kräutersoße

1 kg Fischfilet (Seelachs, Rotbarsch oder Kabeljau)	waschen, trockentupfen und mit
Zitronensaft oder Essig	säuern. Für die Soße
30 g Margarine	zerlassen.
30 g Mehl	hinzufügen und anschwitzen.
500 ml Brühe oder Milch	nach und nach zufügen, glatt rühren und kurz aufkochen lassen.
2 EL Kräuter nach Geschmack (Petersilie, Dill, Kerbel, Schnittlauch)	hacken und zufügen. Mit
Salz, Pfeffer	abschmecken. Den Fisch leicht salzen, in mundgerechte Stücke schneiden und in eine gefettete Auflaufform legen. Die Kräutersoße darüber verteilen. Im vorgeheizten Backofen bei 180 °C etwa 30 Minuten ohne Deckel garen.

Dazu passen Salzkartoffeln und ein leichter Blattsalat.

Fischfilet mit Pesto-Möhren

1 kg Möhren	putzen und in sehr dünne Scheiben schneiden.
2 EL Butter	in einer Pfanne erhitzen und die Möhren darin kurz andünsten. Mit
Zucker, Salz, Pfeffer	würzen und in eine Auflaufform geben.
750 g Fischfilet	waschen, trockentupfen, mit
Zitronensaft	säuern, mit
Salz	würzen und auf die Möhren legen.
5 EL Paniermehl	und
3 EL Pesto	miteinander verrühren und auf die Fischfilets streichen. Mit
125 ml Sahne	übergießen. 25 Minuten bei 180 °C ohne Deckel garen.

Kloster Frenswegen

Fischfilet mit Pesto und Mozzarella

4 Fischfilets von Scholle, Schellfisch oder Seelachs	waschen, trockentupfen, mit
2 EL Zitronensaft	säuern und mit
Salz, weißer Pfeffer	würzen.
600 g Tomaten	davon 2 Tomaten achteln, den Rest in 1 cm dicke Scheiben schneiden.
250 g Mozzarella	abtropfen lassen und in 16 Scheiben schneiden. Eine Auflaufform mit etwas
Butter	ausstreichen und mit Tomatenscheiben auslegen, leicht mit
Salz, Pfeffer	würzen. Die Fischfilets auf die Tomatenscheiben legen.
80 g Kräuterpesto	auf dem Fisch verteilen. Mit Tomatenachteln und Mozzarellascheiben belegen.
50 g Pinienkerne	darüberstreuen. Im vorgeheizten Backofen bei 170 °C etwa 20 bis 30 Minuten ohne Deckel überbacken.

Dazu passt Reis.

Das alte Pastorenhaus in Gildehaus gehört zu den traditionellen Häusern des Ortes.

Sandsteinbrunnen in Gildehaus

Der Kirchturm von Gildehaus

Die Ochtruper Bürger saßen ratlos im Rathaussaal. Ein bedrückendes Schweigen herrschte im ganzen Raum. Nach jahrelanger, saurer Arbeit stand endlich ihre Kirche fertig da. Nun fehlte nur noch der Turm.
»Den Turm, ihr lieben Ochtruper, besorge ich euch in kurzer Frist!« Alles horchte bei diesen Worten auf und sah gespannt nach dem Redner hinüber. Dieser hob das spitze Kinn ein wenig, so dass der kecke Hut mit der langen Hahnenfeder nach hinten rückte, und fuhr fort: »Ich setze euch kostenlos einen schmucken Turm hin und ihr nehmt dafür, das ist meine einzige Forderung, den einen meiner Freunde zum Pastor und den anderen zum Küster.«
Hinter dem Angebot witterten die Ochtruper nichts Arges. Sie erklärten sich mit dem Pakte einverstanden, holten schnell den Dorfschreiber herbei, und bald standen Name und Siegel unter dem Vertrage. Der Teufel schlug sich ausgelassen aufs Knie und lachte ein übermütiges Teufelslachen. Draußen spannte er blitzschnell zwei große Fledermausflügel aus und flog in die Nacht.
In Gildehaus lag Groß und Klein in tiefem Schlaf. Um Mitternacht bewegte sich eine vermummte Gestalt leise um den Kirchturm. Plötzlich durchdrang ein beängstigendes Reißen und Rollen die Stille. Der Turm schwankte erst ein wenig um seine Achse und glitt dann ruhig in Richtung Ochtrup fort. Wohl vierzig Schritt. Schon rutschte er oben auf den Bergrücken. Da stürzte am Fuß des Turmes plötzlich ein blitzender Gegenstand auf die Steine. Ein paar Funken sprühten ins Dunkle, und der Kirchturm stand augenblicklich wieder still. Erbost eilte der Teufel, der hier am Werk und gerade im Begriff war, den Gildehauser Kirchturm nach Ochtrup zu verschieben, vor die Südseite. O Schreck! Vor dem Turm lag das geweihte und eben herabgestürzte heilige Kreuz von der Spitze. Mit allen Mitteln versuchte der Teufel nun, die Bahn frei zu machen und den Turm um das Kreuz herumzuwenden. Stunde um Stunde verstrich. Alles vergebens. Der Turm rührte sich nicht.
Da krähte ganz unten im Dorf ein früher Hahn. Den verschwitzten Teufel packte ohnmächtige Wut. Sein hinterlistiger Plan war durch das Kreuz vereitelt worden. Ochtrup bekam einstweilen keinen Kirchturm, blieb aber auch von den Teufelsdienern verschont.

Quelle: »Die Gläserne Kutsche. Bentheimer Sagen, Erzählungen und Schwänke« von Heinrich Specht; 1984
Herausgeber: Heimatverein Grafschaft Bentheim

Kirche in Gildehaus

Kabeljaufilet im Bratschlauch

250 g Möhren	und
200 g Sellerieknolle	
200 g Porree	
150 g Champignons	sowie
500 g Kartoffeln	putzen, schälen und in feine Streifen bzw. Scheiben schneiden.
4 – 6 Stiele Petersilie	waschen, die Blättchen fein hacken.
4 – 6 Stiele Dill	waschen, fein hacken.
4 Stücke Kabeljaufilet	waschen und trockentupfen. Mit
Salz, Pfeffer	kräftig würzen. Eine Seite vom
Bratschlauch	fest verknoten. Das vorbereitete Gemüse, die Kartoffeln, Kräuter und den Kabeljau in den Bratschlauch geben.
4 EL Butter	in Flöckchen darauf verteilen.
100 ml trockener Weißwein	angießen und den Bratschlauch sorgfältig verschließen. Den Bratschlauch in den kalten Backofen auf ein Blech legen und an der Oberseite leicht einschlitzen. Bei 175 °C etwa 30 bis 40 Minuten backen.

Dinkelsteine
Beitrag zu den Skulpturen an der Dinkelmündung.
Die Skulpturen wurden von Volker Pahnke (Rückblicke) und Wolfgang Schönfeld (Ausblicke) geschaffen.

Volker Pahnke – Rückblicke
Die aus einem Block gesprengten, einzeln stehenden Stelen erlauben dem Betrachter einen Rückblick auf den bisherigen Verlauf der beiden Flüsse. Bohrlöcher symbolisieren die natürlichen Einflüsse – eingelassene rostige Rohre die nicht immer problemlosen menschlichen Eingriffe.

Wolfgang Schönfeld – Ausblicke
Dinkel und Vechte – zwei mächtige Bentheimer Sandsteine – stellen diese beiden Flüsse dar.
Die Stahlstange im oberen Teil steht für den Zusammenfluss an dieser Stelle. Besucher haben die Möglichkeit, durch die Löcher in verschiedenen Höhen die Landschaft und den Verlauf des vereinten Flusses – der Vechte – zu betrachten. *(Hindrike Jonker)*

Gebratene Forelle

4 küchenfertige Forellen	waschen und trockentupfen. Mit
Salz, Pfeffer	und etwas
Zitronensaft	innen und außen einreiben. Die Forellen in
3 EL Hartweizengrieß	wenden.
4 EL Olivenöl	und
4 EL Butter	in einer Pfanne erhitzen, bis die Butter zu schäumen beginnt. Die Forellen darin nacheinander von jeder Seite etwa 4 Minuten braten, bis die Haut schön knusprig ist.

Dazu schmecken Feldsalat mit Cocktailtomaten und Salzkartoffeln mit Butter.

Isterberger Fisch in Joghurtsoße

400 g Fischfilet	säubern, mit
1 EL Zitronensaft	beträufeln und mit
Salz	bestreuen.
60 g Margarine	in einem Topf erhitzen.
150 g Magerjoghurt	dazugeben.
125 ml Sahne	mit
2 gestr. EL Mehl	verrühren, zu Margarine und Joghurt geben und aufkochen.
3 EL gehackte Petersilie	und
1 EL gehackter Dill	zugeben, mit
Salz	abschmecken. Den Fisch in eine Auflaufform geben und mit der Soße übergießen. Im vorgeheizten Backofen bei 170 °C etwa 30 Minuten ohne Deckel garen.

Auf den Isterberger Felsen ist viel Platz für Liebesbeweise.

Überbackenes Fischfilet mit Curryreis

400 g Fischfilet	waschen und trockentupfen. Mit
Salz	bestreuen. Mit
Zitronensaft	beträufeln und in eine Auflaufform legen.
1 TL Butter	in einer Pfanne erhitzen.
4 Scheiben Kochschinken	sowie
2 dicke Zwiebeln	würfeln und kurz in der Pfanne andünsten, dann auf den Fisch geben.
5 Tomaten	waschen, in Scheiben schneiden und auf den Fisch geben.
250 g Pilze (aus der Dose)	abtropfen und auf den Fisch geben.
300 g Naturjoghurt	mit
2 EL Schnittlauchröllchen	
1 EL gehackter Dill	
1 EL gehackte Petersilie	sowie
Salz, Pfeffer, Paprika	verrühren und über dem Fisch verteilen. Mit
3 EL Paniermehl	bestreuen.
50 g Butter	in Flöckchen darauf verteilen. Bei 180 °C etwa 50 Minuten im Backofen ohne Deckel backen.
100 g geriebener Käse	überstreuen und die letzten 10 Minuten mitbacken.

Der Curryreis

1 EL Öl	im Topf erhitzen.
150 g Reis	hinzufügen und andünsten.
300 ml Wasser	dazugeben.
1 Prise Salz, 1 TL Curry	hinzufügen. Den Reis einmal unter Rühren aufkochen lassen, dann die Platte auf niedrigste Stufe schalten. Den Deckel auf dem Topf lassen. 20 Minuten quellen lassen.

> Dieser Auflauf kann auch in der Mikrowelle (600 Watt) gegart werden: Garzeit 15 bis 20 Minuten.

Nachtwächter Thier in Bad Bentheim

Die »Witte Jüffer«

Von Marja Asche

Was ist ein Schloss, in dem es nicht spukt? So hat jedes ehrwürdige alte Gemäuer, auch die Burg Bentheim, sein Nachtgespenst. Hier treibt »Die weiße Jungfer« – »de witte Jüffer« ihr Unwesen. Der Sage nach handelt es sich um die Gräfin Sophie von Bentheim, die im Jahre 1176 auf einer Wallfahrt verstarb. Da ihre Seele keine Ruhe finden konnte, flüchtete sie zurück auf die Bentheimer Burg. Noch heute soll sie hier herumgeistern. Begegnet man ihr um Mitternacht, bedeutet es unweigerlich den Tod, wenn man ihr ins Gesicht schaut. Gleiches blüht jedem, der ihr den Weg versperrt. In diesem Fall setzt es zusätzlich einen Schlag mit ihrem Schlüsselbund. Dem lässt sich nur entrinnen, wenn man ihr ein um die Hand gewickeltes Taschentuch so entgegenhält, dass alle vier Enden dem Gespenst entgegen weisen. Dann wird die »Witte Jüffer« gerade diese Zipfel angreifen und dabei anbrennen, den Besitzer des Tuches jedoch verschont lassen.

Die »Witte Jüffer«

Pulverturm Burg Bentheim mit Turm der reformierten Kirche

Zanderfilet im Speckmantel

4 Zanderfilets	kalt abbrausen, trockentupfen, mit
Zitronensaft	säuern und mit
Salz, Pfeffer	würzen. Den Backofen auf 180 °C vorheizen. Die Filets komplett mit
150 g Frühstücksspeck	umwickeln (sonst trocknen sie aus). In
1 EL Butterschmalz	kurz anbraten und mit dem Bratenfett in eine Auflaufform füllen. Im Backofen 15 bis 20 Minuten ohne Deckel fertig garen.
12 Schalotten	schälen, vierteln und in
1 EL Butterschmalz	5 Minuten dünsten.
300 g Zucchini	waschen, putzen, würfeln, zu den Schalotten geben. Dann
200 ml Weißwein	und
200 ml Gemüsebrühe	angießen. Etwas
Thymian, Rosmarin	zufügen und zugedeckt 5 bis 10 Minuten sanft köcheln.
4 Tomaten	überbrühen, abziehen, würfeln und unter das Gemüse heben. Mit
Salz, Pfeffer, Muskat	und
1 Prise Zucker	abschmecken. Das Gemüse in eine Schüssel geben, die Fischfilets in Portionen schneiden und darauf anrichten.

> Dazu schmecken Rösti oder Ofenkartoffeln.

Schafauftrieb an der Vechte in Nordhorn

Das Brookman-Museum in Osterwald wurde 2012 mit Hilfe von EU-Mitteln und sehr viel Eigeniniative der Bürger vor Ort fertiggestellt.

Lachs-Lasagne mit Spinat

500 g Lachsfilet	in mundgerechte Stücke schneiden und mit dem Saft von
½ Zitrone	beträufeln. Mit
Salz, Pfeffer	würzen.
1 Zwiebel	schälen und würfeln.
1 Knoblauchzehe	zerdrücken und mit der Zwiebel in
20 g Butter	andünsten.
400 g TK-Spinat	dazugeben und erhitzen.
40 g Butter	in einem Topf zum Schmelzen bringen.
40 g Mehl	hinzugeben und anschwitzen.
500 ml Milch	nach und nach zugeben und die Masse immer wieder glatt rühren. Mit
Salz, Pfeffer, Muskat	abschmecken.
8 Lasagneblätter	mit Lachs und Spinat abwechselnd in eine gefettete Auflaufform geben, mit der Soße übergießen. Mit
200 g geriebener Käse	überstreuen. Die Lasagne im Backofen etwa 40 bis 45 Minuten bei 200 °C ohne Deckel garen.

Bijhuus und Mühle in Veldhausen

Bronzezeithaus in Uelsen mit Dexter-Rind

Traditionelle Rezepte

Bentheimer Moppen

250 g Mehl mit
2 gestr. TL Backpulver und
150 g brauner Zucker
1 TL Kümmel
1 TL gemahlener Koriander
½ TL Anis
1 Ei
1 Prise Salz sowie
125 g weiche Butter zu einem Knetteig verarbeiten. Den Teig in 4 cm dicke Rollen formen und einige Stunden in den Kühlschrank stellen. Die Rollen in ½ cm dicke Scheiben schneiden, auf ein mit Backpapier ausgelegtes Blech legen und bei 170 °C etwa 20 Minuten goldgelb backen.

> Ein leckeres Gebäck zum Tee am Nachmittag.

Ricke im Rapsfeld vor dem Bentheimer Wald

Ein Männlein steht im Walde – der Fliegenpilz

Buchweizenpfannkuchen

500 g Buchweizenmehl	mit
3 – 4 Eier	
750 ml Kaffee (lauwarm)	und
Salz	zu einem flüssigen Teig verrühren und zum Quellen etwa 5 Stunden beiseitestellen.
100 g fetter oder durchwachsener Speck	in dünne Scheiben schneiden und mit
Öl	in einer Pfanne ausbraten. Mit einer kleinen Kelle etwas Teig in die Pfanne geben und auf beiden Seiten braun ausbacken.

> Dazu schmecken Schwarzbrot, Sirup, Preiselbeeren, Blaubeeren oder Apfelmus.

Frischken Schloat –
Kopfsalat mit Sahnedressing nach Großmutters Art

Früher wurde der Rahm von der kalt gestellten frischen Milch abgeschöpft und z.B. für Salatsoße verwendet. Essig wurde mit Essigessenz hergestellt und schmeckte daher ganz neutral, einfach nur sauer. Heute fügt man diesem Dressing gerne den Saft einer halben Zitrone zu, mit nur 1 EL Essig. Diesen Salat servierte man während der Salatsaison gerne zweimal am Tag, zu Mittag und zum Abendessen wie z.B. zu Bratkartoffeln, Pfannkuchen oder anderen Gerichten.

1 Kopf grüner Salat	Blattrippen heraustrennen und die Blätter in mundgerechte Stücke zupfen, anschließend waschen und gut abtropfen lassen oder trockenschleudern (Salatschleuder).
125 ml Sahne	in eine Schüssel geben. Mit
2 EL Zucker	und
2 EL Essig (5%ig)	gut verschlagen, bis der Zucker aufgelöst ist. Den abgetropften Salat hineingeben und locker durch das Sahnedressing ziehen.

Bentheimer Landschweine im Glück

Grafschafter Hochzeitssuppe
(für 8 bis 10 Personen)

1 kg Rindfleisch (Beinscheibe und Hohe Rippe)	und
½ Suppenhuhn	kalt abspülen und in einem großen Topf mit
3 – 4 l Wasser	zum Kochen bringen.
1½ – 2 EL Salz	dazugeben und abschäumen.
½ Stange Porree (obere grüne Hälfte)	und
2 – 3 dicke Möhren	
1 Stück Sellerie	putzen, waschen, grob zerkleinern und dazugeben.
1 dicke Zwiebel	mit
3 – 4 Nelken	spicken und mit
1 Lorbeerblatt	hinzugeben. Alles etwa 2 Stunden leicht köcheln lassen und noch etwa 15 Minuten in der Nachwärme ziehen lassen. Das Fleisch herausnehmen, die Brühe durchsieben und wieder in den Kochtopf geben. Vom Hühnerfleisch die Haut entfernen und die Knochen herauslösen, dann das Fleisch klein schneiden und wieder in die Brühe geben.
½ Stange Porree (untere weiße Hälfte)	putzen, waschen und in feine Ringe schneiden.
½ Kopf Blumenkohl	putzen, waschen, in kleine Röschen teilen und mit dem Porree zusammen in die Brühe geben. Bei geringer Hitzezufuhr etwa 8 bis 10 Minuten ziehen lassen. Einige Zweige
Petersilie	waschen, die Stiele entfernen, klein hacken und auf die fertige Suppe streuen.

Das gekochte Rindfleisch kann ebenfalls in die Suppe gegeben werden. Gerne wird es in Scheiben geschnitten und warm mit Zwiebelsoße oder Meerretichsoße (Rezepte Seite 70) als Zwischengang serviert.
Weitere typische Einlagen dieser Suppe sind Eierstich (Rezept Seite 91) und Zwiebackklößchen (Rezepte Seite 91).
Wenn die Suppe als Vorspeise gegessen wird, rechnet man pro Person 200 bis 250 ml. Mit Baguette oder kleinen Brötchen serviert, ist sie auch eine leckere Hauptmahlzeit. Dafür rechnet man etwa 500 ml pro Person.

Der Gastbitter

Von Sini Koopmann

Das Brautpaar möchte im September heiraten und bittet die beiden nächsten Nachbarn als Gastbitter die Gäste einzuladen. Dies ist eine recht alte Sitte. Die Braut schmückt hierfür einen alten Zylinder und einen Stock mit buntem Krepppapier. Zwei Fahrräder und das Auto werden ebenfalls mit bunten Papierbändern geschmückt. Die beiden Nachbarn fahren zu den Eltern, Geschwistern und zu den Freunden des Brautpaares und sagen überall ihren Einladungsspruch auf:

Liebe Leute, guten Tag
Hier hab ich meinen Stock und nehm den Hut auch ab.
Das Brautpaar schickt mich hierher
und es freut sich schon sehr.
Denn im September soll Hochzeit sein,
dazu laden sie euch recht herzlich ein.
Nach der Trauung geht es zum Essen,
Trinken und Tanzen wird auch nicht vergessen.
Suppe, Rindsrouladen und Braten vom Schwein,
es wird für jeden etwas Leckeres dabei sein.
Bier, Wein und Sekt
und alles, was uns schmeckt.
Tanz und Spaß soll es geben,
darum wollen wir auf das Wohl der Brautleute einen heben.

Die Gastbitter schenken dann einen klaren Schnaps ein und alle stoßen auf das Brautpaar an. Bei der Hochzeitsfeier trägt der Nachbar dann nochmals den Spruch vor allen Gästen vor.

Gastbitter für eine Hochzeit in Samern

Für Zwischendurch

Der Holschenmarkt (Holzschuhmarkt) in Nordhorn

Von Hermine Oldekamp

»Holschen« oder »Klompen« ist der plattdeutsche Begriff für Holzschuhe, die früher in der Region Grafschaft Bentheim und in den benachbarten Niederlanden überwiegend zur Arbeit auf den Bauernhöfen, teilweise auch an Sonn- und Feiertagen getragen wurden. Holzschuhe wurden von Jung und Alt bis in die 30er Jahre des letzten Jahrhunderts getragen. Sie wurden aus Pappelholz geschnitzt und hielten die Füße warm.

Der traditionelle Holschenmarkt findet seit drei Jahrzehnten am letzten Samstag im April in der Kreisstadt Nordhorn statt. In der Innenstadt wird tagsüber alte Handwerkskunst präsentiert. Handwerksleute flechten Bienenkörbe, fertigen Middewinterhörner an und verarbeiten Milch zu Butter. Frauen in historischen Trachten waschen Wäsche mit dem Waschbrett oder verspinnen Schafwolle zu Garn. Trachtengruppen führen traditionelle Tänze auf.

Alte Schuhe – neue Schuhe: mobile Holzschuhwerkstatt auf dem Holschenmarkt in Nordhorn

Tretboote am Vechtesee in Nordhorn

Eierstich als Suppeneinlage

2 Eier	mit
6 EL Milch	verquirlen und mit
1 Prise Salz	und
1 Prise geriebene Muskatnuss	würzen. Die Masse in einen 1-Liter-Gefrier-Kochbeutel füllen, die Luft herausdrücken und den Beutel zuknoten. In kochendes Wasser geben und 10 bis 12 Minuten ziehen lassen. Den Beutel aus dem Wasser nehmen, aufschneiden und den Eierstich in kleine Würfel schneiden.

> Diese Einlage eignet sich besonders für klare Brühen und gehört auch zur Grafschafter Hochzeitssuppe (Rezept Seite 88).

Zwiebackklößchen

2 Eier	gut verquirlen.
1 Prise Salz	und feine Zwiebackbrösel von
6 Zwiebacke	unterrühren, bis ein weicher Brei entsteht. Diese Masse eine Weile quellen lassen, dann mit einem Teelöffel kleine Portionen nehmen und mit nassen Händen kleine Kugeln daraus formen (etwa haselnussgroß). Diese in heißem Salzwasser ziehen lassen. Zuerst sinken sie auf den Topfboden. Wenn sie aufsteigen, sind sie fertig.

> Diese Einlage eignet sich für klare Brühen, ist aber auch ein Teil der Grafschafter Hochzeitssuppe (Rezept Seite 88).

Vechte mit Alter Kirche am Markt in Nordhorn

Grafschafter Stockfisch

Stockfisch ist ausgenommener Kabeljau, der in Salz eingelegt und getrocknet wird. Der Fisch ist auf diese Weise lange haltbar und wird traditionell zum Neuen Jahr gegessen. Im Heimathaus in Itterbeck wird der Stockfisch am Jahresanfang angeboten.

1 Stockfisch	1 Tag wässern. Der Fisch muss vollständig mit Wasser bedeckt sein. Dann Flossen, Schwanz, Innen- und Außenhaut entfernen, entgräten und längs halbieren. Mit der Außenseite nach außen längs aufrollen und mit Paketschnur zusammenbinden. In etwa 10 cm breite Stücke schneiden. Den Stockfisch mit reichlich
Wasser	und
1 TL Salz	zum Kochen bringen. 90 Minuten köcheln lassen. Das Fischwasser abgießen, die Schnur entfernen, den Fisch auf eine Platte legen.
250 g Butter	erhitzen und über den Stockfisch gießen.

Stockfisch wird mit Salzkartoffeln und Mischobst serviert. Birnenhälften mit Preiselbeeren schmecken auch besonders gut dazu.

Im Heimathaus in Itterbeck

Nije Earpel – Kartoffeln mit Speckfett

1 kg neue Kartoffeln	waschen, bürsten und in Salzwasser kochen.
250 g fetter Speck in Scheiben	in einer Pfanne auslassen.
1 – 2 EL Senf	hineinrühren. Die Kartoffeln hineinstippen.

Dazu frischen grünen Salat »Frischken Schloat« reichen (Rezept Seite 87).

Püfferties

500 ml Milch	erwärmen.
30 g Hefe	hineinbröckeln und rühren, bis sie sich aufgelöst hat.
2 EL Zucker	und
1 TL Salz	dazugeben.
2 – 3 Eier	gut mit der Masse verschlagen und nach und nach
375 g Mehl	unterrühren und an einer warmen Stelle aufgehen lassen (mindestens 30 Minuten).
200 g Rosinen	gründlich waschen und dazugeben.
Öl	zum Backen in eine Pfanne geben. Mit einem Löffel von dem Teig 3 bis 4 Püfferties hineingeben und bei mäßiger Hitze von beiden Seiten backen. Nach dem Backen mit
Zimtzucker	bestreuen.

Heimathäuser in Itterbeck mit Sägemühle im Vordergrund

Traditionelle Rezepte

Neujahrskuchen

500 ml Wasser	zum Kochen bringen. Darin
450 g Zucker oder Kandis	auflösen und anschließend abkühlen lassen.
3 Eier	in die Zuckerlösung geben und gut verschlagen.
1 Pck. Vanillezucker	dazugeben und
500 g Mehl	nach und nach unterrühren.
200 g Butter	auflösen und unter den Teig mischen. Das Ganze eine Weile zum Quellen stehen lassen. Den Teig löffelweise in einem Hörncheneisen abbacken und noch heiß zu Hörnchen aufrollen oder mit Hilfe eines Holzlöffelstiels zu Röllchen formen. Werden die Hörnchen zu dick, gibt man noch etwas abgekochtes Wasser zum Teig.

> Fügt man dem Teig verschiedene Gewürze wie Anis, Kardamom oder Zimt zu, erhalten die Waffeln eine andere Geschmacksnote. Die Neujahrskuchen schmecken auch gut, wenn sie mit Schlagsahne gefüllt werden. Damit sie nicht weich werden, bewahrt man sie in luftdichten Behältern wie Blechdosen oder in alten Milchkannen auf.

Glück in't neije Joahr!

Von Rosa Havermann

Am Vormittag des Neujahrstages gehen die Kinder in der Nachbarschaft von Haus zu Haus, um ein gutes neues Jahr zu wünschen. Dabei erhalten sie in jedem Haus ein paar Rullkökies (Neujahrskuchen, siehe Rezept oben). Am Abend treffen sich dann die Erwachsenen und gehen ebenfalls von Haus zu Haus und erhalten in jedem Haus ein Söpien (Likör und Schnaps). Dazu gibt es dann auch Schoosollen (Rezept Seite 96), Neujahrskuchen und manchmal auch Knieperties (Rezept Seite 95). Im letzten Haus bleibt man noch länger zusammen und lässt dort den Tag ausklingen.

Neujahrskuchen – zum Anbeißen lecker

Knieperties

200 g Butter	mit
300 g Zucker	und
1 Pck. Vanillezucker	schaumig rühren.
Zimt oder Rum	als Gewürz verwenden.
4 Eier	unterrühren.
500 g Mehl	gut mit dem Teig verrühren. Den Teig eine Weile kalt stellen. Mit einem Teelöffel kleine Portionen vom Teig nehmen und mit bemehlten Fingern zu kleinen Kugeln formen. Diese im Hörncheneisen für Neujahrskuchen abbacken. Die heißen Küchlein zum Formen in einen Trichter rutschen lassen oder den Rand an einer Stelle mit den Fingern etwas zusammendrücken.

> Dieses Gebäck gehört wie Neujahrskuchen und Schoosollen zu Silvester und Neujahr.

So malerisch kann der Winter in Waldseite sein.

Schoosollen oder Lange Koken

Dieses Rezept ergibt etwa 450 Stück. Für die Zubereitung benötigt man ein »Schoosolleniesen« – eine große eiserne Zange mit etwa 10 x 20 cm großen Platten. Früher wurden sie im offenen Herdfeuer gebacken, heute auch schon mit dem Gasgrill.

2½ kg Zucker	und
3 Pck. Vanillezucker	in eine große Schüssel geben.
2½ l Wasser	kochen, auf den Zucker geben und abkühlen lassen. Etwas Mehl von
6 kg Mehl	in das Zuckerwasser rühren. Dann
5 – 6 Eier	unter die Masse schlagen. Danach
750 g Butter	auflösen und unter die Masse rühren. Nach und nach das restliche Mehl unterarbeiten. Den Teig 24 Stunden ruhen lassen. Am nächsten Tag eventuell noch etwas Mehl unterkneten. Auf bemehlter Tischplatte etwa 13 cm lange und 1,5 cm dicke »Pillen« formen. Diese im gut erhitzten »Schoosolleniesen« im offenen Feuer backen. Nach dem Backen sofort herausnehmen, zwischen 2 Holzbrettchen platt drücken und überstehende Kanten abschneiden. Auskühlen lassen und in gut schließenden Blechdosen lagern.

> Man kann dem Teig auch noch Gewürze wie Anis, Rum oder Zimt zufügen, um eine andere Geschmacksvariante zu erhalten.

Schoosollen (auch »lange Koken« genannt) vor dem Backen in traditionellen Spezialeisen

Schoosollen – heiß und lecker

Schoosollen backen

Von Rosa Havermann

Das Schoosollenbacken ist eine alte Grafschafter Tradition mit speziellen Schoosolleneisen. In vielen Bauernhäusern besitzen die Familien ein solches Eisen. Es ist eine große eiserne Zange mit etwa 10 x 20 Zentimeter großen Platten mit Familienwappen, Namenszug, Hochzeitsdatum oder mit alten Motiven, zum Beispiel dem Bild der Kirche, zu der man gehört. Früher wurden die Schoosollen zwischen Weihnachten und Neujahr gebacken.

Am Vortag wird der Teig hergestellt und über Nacht lässt man ihn ruhen. Am nächsten Tag werden aus dem Teig auf bemehlter Tischplatte »Pillen« geformt, in das erhitzte Schoosolleneisen gegeben und im offenen Herdfeuer gebacken. Früher halfen dabei auch die Männer. Jede Magd und jeder Knecht erhielt jeweils 100 Schoosollen und durfte diese mit nach Hause nehmen oder für sich behalten. Wie Neujahrskuchen und Knieperties wurden und werden Schoosollen auch im Neuen Jahr den Besuchern angeboten.

Schoosollen – »Nu neemt jou men ...«

Schoosollen – heiße Eisen im Feuer

Süßspeisen und Desserts

Apfelringe – heiß und lecker

250 ml helles Bier	mit
180 g Mehl	
2 Eier	
1 Prise Salz	und
½ EL Zucker	zu einem dickflüssigen Teig verarbeiten.
4 Äpfel	schälen und das Kerngehäuse ausstechen. Die Äpfel in etwa ½ cm dicke Scheiben schneiden. Die Scheiben in den Backteig tauchen und schwimmend in heißem
Öl (zum Frittieren)	goldgelb backen. Dann auf Küchenpapier abtropfen lassen.
2 EL Zucker	mit
1 TL Zimt	mischen und die Apfelscheiben darin wenden. Auf einem Teller anrichten, mit
Puderzucker	bestreuen und evtl. mit
Preiselbeeren	servieren.

> Lecker zu Eis oder auch mit Vanillesoße.

Äpfel – alte Sorten: Ausstellung beim Apfeltag in Veldhausen

Apfeltraum (für 6 bis 8 Personen)

100 g Löffelbiskuits	in
3 EL Eierlikör	wenden und in eine Auflaufform legen.
500 g Magerquark	mit
250 g Mascarpone	und
75 g Zucker	in einer Schüssel verrühren.
200 ml Sahne	steifschlagen und unter die Quarkmasse heben. Die Creme gleichmäßig auf die Löffelbiskuits streichen.
450 g gesüßtes Apfelmus	darübergeben und alles über Nacht kalt stellen. Vor dem Servieren mit
1 – 2 TL Zimt	bestreuen.

Knusperäpfel mit Vanilleeis

4 – 6 Äpfel	schälen, entkernen, in feine Spalten schneiden und in eine gefettete Auflaufform legen.
200 g brauner Zucker	mit
100 g kernige Haferflocken	
100 g Mehl	
1 TL Zimt	sowie
100 g Margarine	zu einem krümeligen Teig verarbeiten und über die Äpfel streuen. Bei 200 °C etwa 30 Minuten ohne Deckel backen.
Vanilleeis	zum lauwarmen Auflauf reichen.

Apfelblüte

Die Riesen in der Itterbecker Heide

Nacherzählt von Tobias Völkerink

Vor vielen, vielen Jahren hausten drei Riesen in der Itterbecker Heide. Sie waren so groß wie Bäume und eine ausgerissene Tanne diente ihnen als Spazierstock.

Die drei Riesen trieben in der Heide ihr Unwesen. Wenn sie hungrig waren, gingen sie zum Bäcker und forderten das letzte Brot. Aber es war schwierig, die drei satt zu bekommen! Meistens wurden sie von dem Brot nicht satt und gingen dann zum Müller in Itterbeck. Wenn der Müller ihnen kein Korn geben wollte, hielten die Riesen die Mühlenflügel an und der Müller konnte kein Korn mehr mahlen. Es blieb ihm gar nichts anderes übrig, als das Korn herauszugeben.

Wenn den Riesen zu heiß war, legten sie sich in den Uelser Mühlenbach, um sich abzukühlen. Die Mühle stand dann still.

Eines Tages suchten sie sich einen Imker als Opfer aus. Dieser war gar nicht dumm und hetzte seine Bienenvölker auf die Riesen. Die Bienen stachen die drei grün und blau. Aber die Riesen gaben nicht auf und warfen mit Steinen. Doch die Bienen trieben die drei in das Balderhaarsche Moor, wo sie jämmerlich versanken.

So hat der kluge Imker die Riesen besiegt und in der Itterbecker Heide herrscht seither Ruhe. Noch heute liegen überall in Itterbeck und Umgebung die Steine herum, mit denen die Riesen damals geworfen haben. Der größte von ihnen ist der Egger Riese.

Der Egger Riese ist über vier Meter hoch.

Damenspeise

1 Pck. Schokoladen-Puddingpulver	mit 5 Esslöffel von
500 ml Milch	anrühren. Die restliche Milch mit
2 EL Zucker	zum Kochen bringen. Das angerührte Puddingpulver in die kochende Milch geben und kräftig umrühren, nochmals aufkochen lassen und kalt stellen.
250 ml Sahne	steifschlagen und unterheben.
100 ml Eierlikör	unterrühren. Die Creme mit
75 g geraspelte weiße Schokolade	verzieren.

Grafschafter Herrenspeise

1 Pck. Vanille-Puddingpulver	mit 5 Esslöffel von
500 ml Milch	anrühren. Die restliche Milch mit
100 g Zucker	zum Kochen bringen. Das angerührte Puddingpulver in die kochende Milch geben und kräftig umrühren, nochmals aufkochen lassen und kalt stellen.
250 ml Sahne	steifschlagen und
100 g Blockschokolade	grob raspeln. Den Pudding mit dem Handrührgerät aufschlagen und die steif geschlagene Sahne unterheben. Dann die geraspelte Schokolade und
3 cl Rum	vorsichtig unterheben.

Sollten Kinder mitessen, ohne Rum zubereiten.

Wassermühle in Uelsen

Süßspeisen und Desserts

Sommerliches Tiramisu mit frischen Erdbeeren

Von den Köchinnen des Grafschafter Landservice

500 g frische Erdbeeren aus der Region	davon 250 g in Scheiben schneiden, in eine kleine Auflaufform schichten und mit
3 TL brauner Zucker	süßen.
125 g Mascarpone	mit
75 g Joghurt	und
2 Pck. Vanillezucker	verrühren. Mit
1 – 2 EL Zucker	nach Geschmack süßen.
2 Blatt Gelatine	nach Gebrauchsanweisung auflösen und unterrühren. Dafür die Gelatineblätter 5 Minuten in kaltem Wasser einweichen, ausdrücken und bei 180 Watt in einem mikrowellengeeigneten Gefäß auflösen. Die Creme löffelweise in die etwas erkaltete, aufgelöste Gelatine geben – nicht umgekehrt.
125 ml Sahne	steifschlagen und unter die gelierende Creme heben. Die Creme auf die Erdbeeren verteilen und mit
100 g geraspelte weiße Schokolade	bestreuen.
100 g Löffelbiskuits	auf die Creme legen. Das Tiramisu mit
3 cl Amaretto	beträufeln. Die restlichen Erdbeeren pürieren und daraufgeben. Zum Schluss mit
Schokoladenraspel	und
Sahnetupfen	verzieren. 3 Stunden im Kühlschrank kühlen.

> Wenn dieses köstliche Dessert ohne Alkohol zubereitet werden soll, verwenden Sie statt Amaretto frisch gepressten Orangensaft – ebenfalls ein Genuss.

Erdbeerblüte

Süßspeisen und Desserts

Holunderbeersuppe

5 – 10 Dolden Holunderbeeren (je nach Größe)	waschen, im Sieb abtropfen, die Beeren abstreifen (es dürfen noch kleine Stängelchen dran bleiben). In
500 ml Wasser	aufkochen und durch ein Sieb streichen. Mit Wasser zu einem Liter auffüllen.
50 – 100 g Zucker	nach Geschmack hinzufügen. Von
1 Apfel oder 1 Birne	Kerngehäuse entfernen, würfeln, hinzufügen und einmal aufkochen lassen.
40 g Stärkemehl	mit wenig kaltem Wasser verrühren und die Suppe damit andicken. Einmal unter Rühren aufkochen lassen.

Die Suppe schmeckt eiskalt, lauwarm oder heiß sehr gut. Sie kann – wenn kalt serviert – mit Zitronenmelisse oder Minze serviert werden.

Köstlichkeiten vom Grafschafter Landservice

Holunderblütencreme (für 6 Personen)

8 Blatt Gelatine	in etwas Wasser einweichen.
500 g Joghurt	mit
250 ml Holunderblütensirup (Rezept Seite 172)	verrühren. Die eingeweichte Gelatine ausdrücken, im Topf auflösen, etwas Joghurtmasse einrühren. Gelatine und Joghurtmasse glattrühren. Wenn die Creme zu gelieren beginnt,
250 ml Sahne	steifschlagen und unterheben.

Joghurtmousse mit Obstmark

300 g Joghurt	mit
100 g Zucker	und etwas
Zitronensaft	verrühren.
6 Blatt weiße Gelatine	eingeweicht und aufgelöst zur Joghurtmasse geben.
250 ml Sahne	steifschlagen und unterziehen, sobald die Masse zu gelieren beginnt.
200 g Obst (Erdbeeren, Himbeeren, Aprikosen oder anderes Obst der Saison, oder TK-Obst)	waschen, putzen, pürieren, als Obstspiegel gleichmäßig über der Creme verteilen.

Sonnenblumenfeld in der Niedergrafschaft

Süßspeisen und Desserts

Blaubeercrêpes

250 ml Milch	mit
150 g Mehl	
3 Eier	und
½ TL Backpulver	zu einem Teig verrühren. Den Teig 30 Minuten ruhen lassen. In eine beschichtete Pfanne etwas Teig geben. Von
500 g Blaubeeren	einige Beeren dazugeben und ausbacken, einmal wenden. Fortfahren, bis der Teig und die Beeren aufgebraucht sind.
Vanilleeis	cremig rühren, mit etwas
Grand Manier (Orangenlikör)	zu einer Vanillesoße verarbeiten und zu den Crêpes servieren.

Palmsonntag

Von Fenna Bus

In Gildehaus und den umliegenden Bauernschaften ist es Tradition, dass die Kinder am Palmsonntag mit geschmückten Stöcken, auf die eine Palmgans gesteckt wird, von Haus zu Haus ziehen und dabei ein Lied singen:

*Palm, Palm, Poaschen,
loat den Kuckuck kroaschen,
loat de Vüggelkes singen,
dann gif et lekkre Dingen
loat' us nich so lange stoan,
wij willt noch 'n Hüsken wieder goan.*

Danach bekommen die Kinder Süßigkeiten.

Palmgänse – ein Spaß für Kinder zu Palmsonntag in Gildehaus

Süßspeisen und Desserts

Rhabarberkompott mit Sommerhauch

500 g Rhabarber	waschen, in 1 cm lange Stücke schneiden und in
100 ml Wasser	etwa 5 Minuten garen. Von
100 ml Apfelsaft	etwa 3 Esslöffel Saft in eine Schüssel geben und mit
1 geh. EL Stärkemehl	verrühren. Den Rest Apfelsaft zum Rhabarber geben. Den Rhabarber mit der angerührten Stärke andicken, einmal aufkochen, dann den Topf von der Platte nehmen.
200 g TK-Erdbeeren	zugeben.
1 Banane	schälen, in Scheiben schneiden, dazugeben.
150 g Zucker	und
1 Pck. Vanillezucker	unterrühren und abschmecken.

Zu diesem Kompott Vanillesoße reichen.

»Der drehende Park« Olafur Eliasson, 2000. »Die Dynamik der verschiedenen Transportweisen in der Kulturlandschaft der Niedergrafschaft brachte mich dazu, eine räumliche Begegnung zu ermöglichen, die nicht Stillstand und Erschöpfung, sondern Bewegung und Energie erfahrbar werden lässt«.
(aus »kunstwegen«, das Reisebuch)

Ohne Titel, 1988. Der Mensch als Maßstab einer ruhenden Form: Bezogen auf die Proportionen eines Mannes mit ausgebreiteten Armen wird diese Skulptur von Herbert Maumann formal durch eine ausgeprägte Rinne in Schädelhöhe und ein Kugelrelief an der Stelle des Nabels bestimmt. Mit den wenigen bedeutungstragenden Details wird die abstrakte Form zum Sinnbild des Menschen zwischen Geist und Gefühl.
(aus: »kunstwegen«, das Reisebuch)

Süßspeisen und Desserts

Rote Grütze (für 8 Personen)

100 g rote Johannisbeeren	waschen und mit einer Gabel von den Stielen streifen.
150 g Himbeeren	verlesen, nicht waschen.
150 g Sauerkirschen	entstielen, waschen und entsteinen.
150 g Erdbeeren	waschen und die Blütenansätze entfernen.
100 g Blaubeeren	verlesen und waschen. Von jeder Fruchtsorte etwa die Hälfte als Einlage zu Seite stellen. Die restlichen Früchte mit
500 ml Rotwein	
500 ml Wasser	
100 g Zucker	und
1 Zimtstange	aufkochen.
½ unbehandelte Orange	in dünne Scheiben schneiden und zugeben, etwa 15 Minuten zugedeckt ziehen lassen. Dann durch ein Sieb gießen, die Reste durchstreichen und erneut aufkochen.
80 g Speisestärke	mit
2 EL Wasser	verrühren und die Fruchtflüssigkeit damit binden, kurz aufkochen lassen. Die beiseitegestellten Früchte in eine Glasschüssel geben und mit der Roten Grütze auffüllen.

> Schmeckt besonders gut mit Vanillesoße.

Rote Johannisbeere – bald ist Ernte.

»Säule« 1988. Welche Möglichkeiten ruhen in einem Stein und wie gestaltet der Künstler sie? Aus dem Inneren des groben Sandsteinmassivs wird von Cornelius Rogge eine fein geschliffene Säule hervorgebracht, die gleichermaßen lehnt wie stützt. *(aus: »kunstwegen«, das Reisebuch)*

Süßspeisen und Desserts

Adventstiramisu (für 6 Personen)

250 g Mascarpone	mit
250 g Magerquark	
100 g Zucker	und
1 Pck. Vanillezucker	zu einer geschmeidigen Masse verrühren.
200 ml Sahne	steifschlagen und unter die Mascarpone-Mischung heben. 3 Esslöffel davon in einer eckigen Schüssel verteilen.
100 g Spekulatius	auf die Creme legen.
400 g TK-Beeren	darübergeben. Die restliche Creme auf die Früchte streichen.
100 g Spekulatius	auf die Creme legen und 4 bis 5 Stunden kühl stellen. Vor dem Servieren mit
Puderzucker	und
Kakao	bestreuen.

Bald ist Weihnachten

Winterlandschaft in der Obergrafschaft

Für Zwischendurch

Schneetag

*Schnee aus bleiernen Wolken,
bedeckter Himmel Schweigen,
Eis knarrt auf windigen Teichen,
dichter der Flocken Treiben.*

*Wer erträgt die Ruhe der Uhren,
das schwebende Gleichmaß der Stunden?
Scheite verprasseln im Feuer.
Ein Wort wird die Stille verwunden.*

*Der Tag verbirgt sich in Wäldern;
es schwinden die Zeichen im Feld.
In den dämmrigen Bannkreis der Flocken
schneller der Abend einfällt.*

(Von Karl Seemann, aus dem Bentheimer Jahrbuch 1984)

Winter in Waldseite

Winteridylle an der Vechte in Brandlecht

Getränke und Liköre

Apfelpunsch – alkoholfrei

1 l Wasser	aufkochen.
2 Teebeutel schwarzer Tee	hineingeben und kurz ziehen lassen, herausnehmen.
1 l naturtrüber Apfelsaft	zufügen, erhitzen, aber nicht kochen.
2 Zimtstangen, 2 Nelken	und den Saft von
1 Zitrone	zufügen.
2 Äpfel	schälen, entkernen, fein würfeln, dazugeben. Mit
Zucker oder Honig	nach Geschmack süßen. Heiß in Tassen servieren.

Dat blaue Wicht – alkoholfrei (für eine Person)

Leckeres aus dem Grafschafter Melkhuis

50 g Heidelbeeren, Erdbeeren oder Himbeeren	putzen und waschen. Mit
50 ml Buttermilch	
100 ml Milch	und
1 TL Zucker	in einem Mixer pürieren. Evtl. vor dem Servieren durchsieben.

Im Melkhuis gibt es für Hendrik immer etwas zu entdecken.

Getränke und Liköre

Holunder- oder Brombeerpunsch – alkoholfrei

1 l Wasser	aufkochen.
1 l Holundersaft oder Brombeersaft	zufügen.
½ Zimtstange	sowie
2 – 3 Nelken	und den Saft von
2 Zitronen	zugeben, erhitzen, nicht kochen und etwa 10 Minuten ziehen lassen. Mit
Zucker oder Honig	nach Geschmack süßen.

Teepunsch – alkoholfrei

100 – 125 g Kandis	in
1 l frischer, heißer, schwarzer Tee	auflösen.
1 Pck. Vanillezucker	mit
1 l Traubensaft	sowie dem Saft von
3 Apfelsinen, 1 Zitrone	zugeben und abschmecken.

Wer den Teepunsch mit Alkohol trinken möchte, nimmt statt Traubensaft 1 Flasche lieblichen Weißwein und gibt nach Geschmack Amaretto oder Rum dazu.

Brombeeren am Feldrand

Brombeerlikör

1 kg Brombeeren	mit
1 l Wasser	aufkochen, durch ein Tuch drücken und den Saft auffangen. Mit
375 g Zucker	und
1 Pck. Vanillezucker	aufkochen, dann erkalten lassen.
375 ml Rum	zum kalten Saft geben, in saubere Flaschen abfüllen. Mindestens 2 Wochen ruhen lassen.

Burenjungs (Rumrosinen)

500 g helle Rosinen	waschen und mit
500 ml Rum	bedecken. 24 Stunden ziehen lassen.
250 ml Wasser	mit
250 g Zucker	und
1 Pck. Vanillezucker	aufkochen, dann erkalten lassen.
750 ml Korn	mit den Rosinen und dem Zuckerwasser vermischen. In saubere Flaschen füllen und mindestens 2 Wochen ruhen lassen.

Heidelbeerlikör

200 g Heidelbeeren	verlesen und waschen. Mit
150 g Kandis	in eine Flasche füllen.
2 cl Rum	dazugießen.
700 ml Doppelkorn	zuletzt dazugießen. Den Likör etwa 2 Monate reifen lassen, dann durch einen Filter gießen.

Weggen – fertig für die Wanderung zu den jungen Eltern

Mit dem großen Weggen kommen wir

*Mit dem großen Weggen kommen wir,
bringen schöne viele Sachen hier,
extra für den süßen Kleinen
sind wir heute auf den Beinen
mit dem großen Weggen kommen wir!*

*War der Weg hierhin auch lang und schwer,
dachten schon, das schaffen wir nicht mehr.
Doch der Durst, der trieb uns weiter,
mit der schweren Weggenleiter,
ja, und darum stehen wir jetzt hier.*

*Gute Butter und 'ne Flasche Bier
passen prima zu dem Weggen hier,
doch die eine wird nicht reichen,
lasst ihr euch wohl noch erweichen,
und spendiert die nächste Runde hier?*

(Melodie: Von den blauen Bergen kommen wir)

Der Weggen kommt.

Holunderbeerlikör

1½ l Holundersaft	in einen Topf geben.
600 g Zucker	zufügen, mit
2 Pck. Vanillezucker	und
¼ Fläschchen Bittermandelaroma	aufkochen und abkühlen.
750 ml Rum (54 Vol.-%)	dazugeben, in Flaschen füllen, verschließen und kühl stellen.

> Hinweise zur Zubereitung von Holundersaft finden Sie im Rezept »Holunderbeersuppe« auf Seite 103.

Holunderblütenlikör

15 Holunderblüten	frisch pflücken, mit der abgeriebenen Schale von
2 Bio-Zitronen (oder 5 Pck. Zitronensäure à 5 g)	und
1½ l Wasser (abgekocht und erkaltet)	24 Stunden ziehen lassen. Dann durch ein Sieb (Kaffeefiltertüte) geben und
750 g Zucker	unterrühren.
1½ l Doppelkorn	dazugeben und in Flaschen abfüllen. Der Likör ist jetzt servierfertig.

Der Holunder ist bald reif.

Kirsch-Creme-Likör

150 g Zucker	mit
1 Pck. Vanillezucker	
150 g Kirschjoghurt	
500 ml Kirschsaft	
250 ml Doppelkorn	
5 cl Rum	sowie
400 ml Sahne	vermischen und sofort kalt servieren.

Im Kühlschrank gelagert, ist dieser Likör 1 Woche haltbar.

Landfrauen-Soepken

250 ml Doppelkorn	mit
250 ml Pfirsichlikör	und
1 l Maracuja-Saft	
500 ml Pfirsich- oder Maracuja-Dickmilch	
250 ml Sahne	
130 g Zucker	sowie
1 Pck. Vanillezucker	vermischen, durchsieben und kalt servieren.

Nach Belieben mit Sekt auffüllen.

Im Kühlschrank gelagert, ist dieser Likör 1 Woche haltbar.

Die Lukasmühle in Gildehaus war lange die Wohn- und Arbeitsstätte des Grafschafter Malers Friedrich Hartmann. Heute ist die Mühle ein Museum, das für Besucher am Wochenende geöffnet hat.

Für Zwischendurch

Isterberg und Quendorf

Von Elke Bischop-Stentenbach

Die Nachbargemeinden Isterberg und Quendorf liegen in der Obergrafschaft, dem südlichen Teil unseres Landkreises und zählen jeweils etwa 600 Einwohner. Neben einem gemeinsamen Kindergarten und einer gemeinsamen Grundschule verbindet sie ein reges gemeinschaftliches Vereinsleben unter anderem bei den Landfrauen, der Feuerwehr und dem Schützenverein.

Die ländlich geprägte Umgebung hat einiges zu bieten: Das Erklimmen der Sandsteinfelsen des 68 Meter hohen Isterberges, der sommerliche Genuss eines weißen Sandstrandes am Quendorfer Bade- und Natursee oder das Erleben von Flora und Fauna an der Vechte oder im Naturschutzgebiet Syen-Venn – bei uns ist alles möglich.

Einen einmaligen Überblick über die Örtlichkeit gewinnt man, wenn man die 110 Stufen des Aussichtsturmes auf dem Isterberg ersteigt. Richtung Westen sieht man weit zu unseren Nachbarn, den Niederländern. Im Süden erblickt man die Bentheimer Burg, im Osten den Schüttorfer Kirchturm und zu Füßen liegen die Waldfläche und die Klippen des Isterberges. Hier, davon sind die Einwohner mit einem leichten Augenzwinkern überzeugt, strandete einst die Arche Noah. Woher auch sonst sollten die in den Felsen eingedrückten markanten Fußspuren kommen, wenn nicht von den aussteigenden Tieren?

Urtümliche Gestalten kann man auch jedes Jahr im August auf dem Quendorfer See beobachten. Das inzwischen etablierte Drachenbootrennen mit Ruderern in originellen Kostümen und kuriosen Booten ist absolut sehenswert. Ganz in der Nähe des Sees findet man den Klusenplatz und ein uraltes Steinkreuz. Hier hat, wie archäologische Funde bestätigen, eine kleine Kapelle gestanden. Die Sage überliefert, dass zur Zeit der Kreuzzüge Mutter Hermeling an diesem Ort ihren tot geglaubten Sohn wieder in die Arme schließen konnte. Wie viel Wahrheit in der Erzählung steckt, sei dahingestellt, aber Atmosphäre strahlt dieser Platz noch heute aus.

Sehenswert sind auch die vielen, auf eine jahrhundertealte Geschichte zurückblickenden, verstreut liegenden Bauernhöfe. Mit ihren gepflegten Anlagen und dem für die Grafschaft typischen angrenzenden Eichenwäldchen sind sie ein echter Blickfang.

Der Isterberger Felsen. Vor 70 Millionen Jahren hinterließen Sediment fressende Meerestiere sonderbare Spuren, berichten uns die Wissenschaftler. Aber wissen Sie auch, dass an diesem Platz dem Teufel Opfer dargebracht wurden, wie es uns die alten Sagen berichten? Wie sonst ließen sich der Bockfuß und andere Hufabdrücke im Felsen erklären? *(Aufschrift Gedenktafel)*

Rote Grütze mit Mütze (Bowle)

750 g TK-Beerenobst	mit
750 ml Korn (oder Fruchtlikör)	
500 ml Erdbeersirup	und
1 kg Rote Grütze (Rezept Seite 107)	in einen Bowletopf geben und 3 bis 4 Stunden durchziehen lassen.
250 ml Sahne	mit
1 Pck. Sahnesteif	und
1 Pck. Vanillezucker	steifschlagen. Etwas
Eierlikör	hinzugeben. In einen Spritzbeutel füllen. Die Rote Grütze in Likörgläser geben und mit Sahnetuffs verzieren.

Schlehenlikör

Schmeckt pur oder zu Eis.

500 g gefrorene Schlehen	mit
250 g Kandis	und
2 Pck. Vanillezucker	in ein großes Einmachglas füllen.
500 – 750 ml Cognac	über die Früchte-Kandis-Mischung füllen. Das Gemisch 3 bis 4 Wochen ziehen lassen, abseihen und in Flaschen abfüllen.

Die Vechte bei Quendorf

Erdbeer-Milch-Shake »Schnute« (für 1 Glas)

Leckeres aus dem Grafschafter Melkhuis

50 g Erdbeeren	putzen und grob zerkleinern. Mit
50 g Speiseeis (Erdbeere)	und
100 ml Milch	in einen Mixer geben und durchmixen. In ein Glas füllen und kalt servieren.

Orangen-Eis-Shake »Sonnendrink«

Vom Team »Kochen mit Kindern«

1 Orange	schälen, Kerne entfernen und in Spalten teilen. Mit
150 ml Milch	und
2 Kugeln Vanilleeis	in einen Rührbecher geben und pürieren, kalt servieren.

Die Mengen sind ausreichend für 2 Gläser.

Leckeres aus dem Melkhuis – immer ein guter Grund für eine Pause bei der Fietsen-Tour

Spaghetti mit Bolognese

Vom Team »Kochen mit Kindern«

Die Bolognese

1 große Zwiebel	schälen und in kleine Würfel schneiden.
1 EL Öl	in einer Pfanne erhitzen, die Zwiebelwürfel dazugeben und glasig dünsten.
250 g Hackfleisch	dazugeben und kräftig anbraten. Mit
½ TL Salz, 1 Msp. Pfeffer	
1 Msp. Paprikapulver	und
1 Prise Zucker	würzen.
2 EL Tomatenmark	unter das Hackfleisch rühren.
500 g Tomaten (aus der Dose)	dazugeben, dabei die Tomaten zerdrücken.
1 Lorbeerblatt	sowie
1 TL getrockneter Oregano	dazugeben. Die Soße etwa 15 Minuten mit Deckel schmoren lassen.
3 EL Sahne	unterrühren und nochmals abschmecken.

Die Spaghetti

2 l Salzwasser	in einem großen Topf aufkochen.
500 g Spaghetti	hineingeben und 8 Minuten ohne Deckel kochen. Wenn die Nudeln gar sind, in ein großes Sieb oder Durchschlag in der Spüle abgießen. Warm mit der Bolognese servieren.

Erdbeerernte – Hannes macht das gerne!

Pippis raffinierter Nudelauflauf

Vom Team »Kochen mit Kindern«

1 l Wasser	in einem Topf mit
1 Prise Salz	zum Kochen bringen.
250 g Nudeln	hinzugeben und gar kochen.
1 EL Margarine	in einer Pfanne erhitzen.
500 g Hackfleisch	darin anbraten. Mit
Salz, Pfeffer	würzen.
1 – 2 Stangen Porree	waschen, klein schneiden, zum Hackfleisch geben, anbraten. Wenn die Nudeln gar sind, in ein Sieb schütten und abtropfen lassen.
200 g Kräuter-Schmelzkäse	zum Hackfleisch-Porree geben und verrühren. Abwechselnd Hackfleisch-Porree und Nudeln in eine gefettete Auflaufform geben.
200 ml Sahne	und
1 Ei	in einer Schüssel verrühren, mit
Salz, Pfeffer	würzen und über den Auflauf geben. 30 Minuten ohne Deckel bei 190 °C im Backofen backen.

»Mich sieht keiner« – Kitz im Maisfeld

Heißluftballons gibt es in vielen Varianten.

Nordbecks Sage

Früher gehörte die Mühle, die neben dem Hof Nordbeck in Hardingen steht, dem Grafen von Bentheim. Müller Nordbeck musste jährlich Abgaben leisten. Das fiel ihm mit der Zeit immer schwerer, denn er hatte die stattliche Zahl von 19 gesunden Jungen zu ernähren.
So entschloss er sich eines Tages, nach Bentheim zum Grafen zu fahren und um eine Herabsetzung der Abgabelasten zu bitten. Der Graf versprach, in der nächsten Zeit einmal nach Hardingen zu kommen, um sich die Mühle, vor allem die Schar der stets hungrigen Müllersöhne anzusehen.
Nach einigen Tagen erschien der Graf. Der Müller rief schnell seine 19 Jungen herbei und ließ sie in einer Reihe aufstellen. Der Graf zählte nach und sagte dann: »Müller Nordbeck, wenn Ihr mir im nächsten Jahr den 20. Sohn präsentiert, dann soll die Mühle für immer in Euer Eigentum übergehen.«
Das ließ sich Nordbeck nicht zweimal sagen. Im nächsten Jahr erschien er wieder in Bentheim und meldete dem Grafen stolz die Geburt des 20. Sohnes. Der Landherr lachte lauthals, drückte ihm herzlich die Hand und ließ die Urkunde ausstellen, die den Müller zum Eigentümer der Mühle in Hardingen machte.

Quelle: »Die gläserne Kutsche. Bentheimer Sagen, Erzählungen und Schwänke« von Heinrich Specht; 1984 Herausgeber: Heimatverein der Grafschaft Bentheim

Nordbecks Mühle in Hardingen – eine mit Wasserkraft betriebene Holzsäge

Zwei Freunde

Takatuka Kraftsalat mit Joghurtdressing

Vom Team »Kochen mit Kindern«

Für den Salat

1 Tomate	waschen und in Scheiben schneiden.
½ Eisbergsalat	waschen und in Streifen schneiden.
½ Salatgurke	waschen und in dünne Scheiben schneiden.
1 gelbe Paprikaschote	waschen, Kerne entfernen und in Würfel schneiden. Alles in einer Schüssel mischen oder schichtweise einfüllen.

Das Joghurtdressing

	Aus
500 g Naturjoghurt	
2 EL Zitronensaft	
2 EL Zucker	und eventuell etwas
Milch	eine Soße herstellen und abschmecken. Zum Salat reichen.

Schüttorf von oben mit Rathaus, Marktplatz und Kirche

Gurkenkrokodil

Vom Team »Kochen mit Kindern«

	Von
1 Salatgurke	die untere Rundung wegschneiden, die Gurke auf eine Platte legen. Aus den Abschnitten die Füße des Krokodils schneiden, an den Körper legen. Ein Gurkenende zum Maul aufschneiden.
1 Möhre	schälen, ein Stückchen ins Maul als Zunge legen. Aus einem weiteren Stückchen die Augen formen und in die Gurke stecken. Mit Zahnstochern aus
Käsewürfel	
Radieschen	
Cocktailtomaten	sowie
Weintrauben	bunte Spieße machen und in die Gurke stecken.

> Das bunte Krokodil ist ein Schmuckstück auf jedem Buffet oder Abendbrottisch.

Power-Müsli

Leckeres aus dem Grafschafter Melkhuis

50 g Sesam	mit
50 g Sonnenblumenkerne	sowie
100 g gehackte Mandeln	in einer Pfanne ohne Fett goldgelb rösten und abkühlen lassen.
200 g kernige Haferflocken	und
50 g Kokosflocken	dazugeben und alles mischen.

> Je nach Geschmack können auch 50 g Rosinen, gehackte Walnüsse oder Haselnüsse zugegeben werden. Das Power-Müsli kann in einer Vorratsdose aufbewahrt werden. 3 bis 4 Esslöffel Müsli-Mischung bei Bedarf mit Milch oder Joghurt vermischen. Je nach Vorliebe frisches Obst zugeben.

Radieschen

Der Korbflechter
Wilhelm Logerds

Korbflechter auf dem
Holtschenmarkt in Nordhorn

Meisterhafte Selbstversorger

Von Elke Bischop-Stentenbach

Der Korbflechter
Der 78-jährige Wilhelm Logerds in Isterberg-Wengsel ist einer der Letzten, der das alte Handwerk der Korbflechterei beherrscht. Körbe in verschiedensten Größen, mit und ohne Henkel, mit Boden oder als Halbschale und auch Bienenkörbe entstehen durch seine geschickten Hände. Früher benutzte man diese Behältnisse überwiegend für Obst, Kartoffeln und Eier. Stolz erzählt Wilhelm, dass es damals auf dem Hof einen Korb gab, der 90 Pfund Kartoffeln fasste. Großvater und Vater waren es, von denen er dieses Handwerk erlernte.
Das Flechtmaterial wird im Winter in der Natur geschnitten und muss schnell verarbeitet werden, bevor es zu »stiefkoppt« (unbiegsam) wird. Um das »Grundgerüst« aus dünnen dehnbaren Eichenzweigen werden in verschiedenen Techniken einjährige Weidenruten geflochten. Für die Bienenkörbe benötigt man möglichst langes Roggenstroh und Brombeerranken. Diese werden entdornt, dreigeteilt und dienen als »Nähfaden«, um die drei bis vier Zentimeter dicken Strohstränge aneinanderzubinden. So ein Korb kann über 100 Jahre alt werden, doch benutzen will ihn heute kein Imker mehr. Auch Wilhelm, der selbst ein »Immenschuur« (Bienenhaus) mit zwei Völkern hat, nimmt lieber moderne Kästen. Diese lassen eine mehrmalige Ernte im Jahr zu. Mit den alten Körben konnte man nur einmal im Herbst den Honig gewinnen.

Autarkes Landleben

Der Herbst, die Erntezeit auf dem Acker und im Garten, bedeutete auf jedem Hof Vorrat zu schaffen für den Winter. Die Bauersfrauen waren Meisterinnen im Einmachen oder Trocknen von Obst und Gemüse. Später im Jahr wurde geschlachtet, gewurstet und gepökelt. Selbstversorgung wurde großgeschrieben. Nur wenige Lebensmittel wie Salz, Kaffee und Tee mussten zugekauft werden. Selbst der Stoff für Arbeits-, Unter-, Bett- und Tischwäsche wurde eigenhändig hergestellt. Zur Aussteuer einer jeden tüchtigen Frau gehörten viele Rollen selbstgesponnenes und gewebtes Leinen.

Auch das Schuhwerk, das man in der Grafschaft bei der Arbeit trug, kam aus der Natur. Holschen oder Klompen (beide Begriffe sind in der Grafschaft üblich) wurden aus einem Pappelholzblock hergestellt. Die Holzschuhe wurden werktags von Jung und Alt getragen. Durch einen Lederriemen über dem Spann und etwas Stroh als Einlage erhöhte man den »Tragekomfort«.

Kerzen aus Bienenwachs, Besen aus Birkenreisig, Möbel aus eigenem Eichenholz und vieles mehr gehörte früher ebenfalls zum autarken Landleben.

**Fenna Verwold aus Samern in ihrer Tracht –
sie ist sehr geschickt am Spinnrad.**

Bäuerliches traditionelles Handwerkzeug

Lustige Amerikaner

Vom Team »Kochen mit Kindern«

Der Teig

100 g Butter	mit
100 g Zucker	und
2 Eier	schaumig rühren.
350 g Mehl	zusammen mit
1 Pck. Backpulver	sieben, mit
4 EL Milch	abwechselnd zur Buttermischung geben und verrühren. Der Teig muss zäh sein. Den Teig in einen Spritzbeutel füllen und Teigtupfer auf ein mit Backpapier belegtes Blech spritzen. Bei 180 °C etwa 15 bis 20 Minuten hellbraun backen.

> Gummibärchen, bunte Schokolinsen und Speisefarbe eignen sich zum Verzieren.

Die Dekoration

150 g Puderzucker	und
2 EL Zitronensaft	zu Zuckerguss verrühren. Die erkalteten Amerikaner mit Zuckerguss oder
Schokoladenglasur	bestreichen und nach Belieben lustig verzieren.

Schafe im Gildhauser Venn

Heidelbeer-Muffins

150 g Butter	erwärmen und abwechselnd
150 g Zucker	sowie
1 Pck. Vanillezucker	
3 Eier	
150 g Mehl	und
1 TL Backpulver	unterrühren.
250 g Heidelbeeren	unterheben. Den Teig mit 2 Esslöffeln in
18 Papierförmchen	einfüllen. Bei 150 bis 170 °C Heißluft im Backofen etwa 25 Minuten backen.

Pizzabrot

400 g Mehl	mit
1 Pck. Backpulver	
250 ml Milch	
1 Prise Salz	
100 geriebener Käse	
125 g Schinkenwürfel	sowie
2 TL Pizzagewürz	vermengen und in eine Kastenform füllen oder als Brotlaib formen. Bei 200 °C etwa 30 bis 40 Minuten backen.

Heidelbeerfeld in Itterbeck im Herbst

Blätter-Nuss-Torte
Die heiß begehrte Landfrauentorte

300 g Mehl	mit
180 g Zucker	
180 g Margarine	
1 Ei	und
180 g gemahlene Haselnusskerne	zu einem Mürbeteig verkneten. 5 gleichmäßige Kugeln formen und 1 Stunde ruhen lassen. Einzeln auf dem Boden einer Springform (Ø 26 cm) ausrollen und bei 170 bis 200 °C etwa 10 bis 15 Minuten backen. Die Böden sofort nach dem Backen vom Springformboden lösen. Den fünften Boden nach dem Backen sofort noch warm in 12 oder 16 Stücke schneiden.
1 Pck. dunkle Kuchenglasur	nach Anweisung zubereiten und den fünften Boden damit bestreichen.
750 ml Sahne	mit
4 Pck. Sahnesteif	steifschlagen. Die 4 Böden aufeinandersetzen und jeweils mit Sahne füllen (am besten am Tage zuvor). Etwas Sahne zum Verzieren zurücklassen, in einen Spritzbeutel mit Sternhülle füllen und auf den vierten Boden 12 oder 16 Garnituren spritzen und den fünften Boden schräg als Fächer aufsetzen.

Landfrauentorte

Elisabeths Eistorte

Der Teig

3 Eiweiß	mit
1 EL Wasser	steifschlagen.
250 g Zucker	einrieseln lassen.
250 g gemahlene Haselnüsse	unterheben. 3 Böden bei 170 °C etwa 20 Minuten backen. Am besten auf Backpapier backen, da sich dann die Böden besser ablösen. Die Böden nach dem Abkühlen einfrieren.

Die Eismasse

4 Eiweiß	steifschlagen.
500 ml Sahne	steifschlagen.
4 Eigelb	mit
125 g Zucker	dickschaumig rühren. Alle Zutaten mit
50 g Pulverkaffee (Instant)	vorsichtig mischen.

Die Fertigstellung

Den ersten Boden auf die Tortenplatte legen und mit dem Tortenring umschließen. Die Hälfte der Eismasse in den Tortenring füllen. Den zweiten Boden auflegen, den Rest der Eismasse einfüllen. Den dritten Boden auflegen und etwas andrücken. Mindestens 5 Stunden einfrieren.

> Vor dem Servieren mit geschlagener Sahne verzieren und ganze Haselnüsse oder Mokkabohnen auflegen.

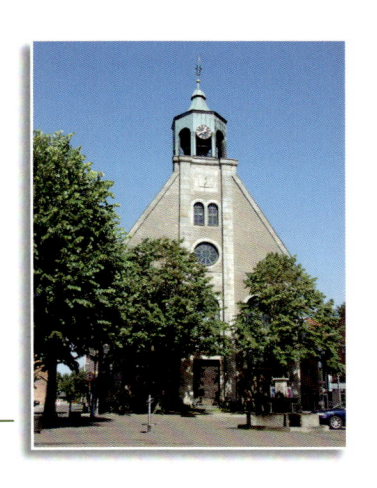

Reformierte Kirche in Neuenhaus

Buchweizentorte mit Preiselbeersahne

Der Mürbeteigboden

100 g kalte Butter	mit
50 g Puderzucker	
150 g Mehl	
1 Pck. Vanillezucker	
1 Prise Salz	und etwas
Zitronensaft	zu einem Mürbeteig verkneten. Den Teig etwa 30 Minuten kühl stellen. Dann in eine ungefettete Springform drücken und etwa 12 bis 15 Minuten bei 180 °C goldgelb backen.

Der Buchweizen-Biskuitboden

4 Eigelb	mit
100 g Zucker	
1 Pck. Vanillezucker	und
1 Prise Salz	schaumig rühren.
3 Eiweiß	mit
50 g Zucker	steifschlagen und unter die Masse heben.
80 g Buchweizenmehl	mit
1 EL Speisestärke	und
1 EL Instantkaffee	mischen, vorsichtig unterheben. In einer Springform auf der mittleren Schiene etwa 30 Minuten bei 180 °C backen. Den ausgekühlten Boden einmal durchschneiden.

Windmühle in Uelsen

— Kuchen, Torten und Gebäck —

Die Torte

Preiselbeer-Konfitüre	Den Mürbeteigboden dünn mit bestreichen und 1 Biskuitscheibe auflegen. Einen Tortenring um den Boden stellen.
500 ml Sahne	steifschlagen.
1 Glas Preiselbeeren (370 ml)	abtropfen lassen, mit
1 EL Zitronensaft	unter die Sahne heben und auf dem Biskuitboden verteilen. Den zweiten Biskuitboden fest auflegen und mindestens 30 Minuten kühl stellen.

Das Garnieren

400 ml Sahne	mit
1 Pck. Vanillezucker	steifschlagen, die Torte vollständig damit bestreichen. Nach Belieben mit
Schokoraspel	und
Eierlikör	verzieren.

Blühendes Buchweizenfeld am Heideweg in Georgsdorf

Mühlenrad in der Ölmühle in Lage

Buchweizen – das vergessene Gewächs

Von Johanne Ende

Buchweizen, ein kleines, braunes, eckiges Korn der Pflanzenart der Knöterichgewächse, ist vielen unbekannt. Buchweizen wurde im 17. und 18. Jahrhundert in ganz Europa angebaut. Wer heute noch ein Buchweizenfeld mit seinen zartrosa Blüten sehen möchte, wird es in Georgsdorf finden. Buchweizen ist ein 100-Tage-Gewächs. Er wird in der Zeit von Mitte Mai bis Anfang Juni gesät. Die Zeit der Aussaat erscheint sehr spät, jedoch ist Buchweizen eine schnell wachsende Pflanze. Nach drei Monaten ist der Buchweizen reif zur Ernte.

Im Anbau stellt Buchweizen wenige Ansprüche an den Boden und gedeiht auch in sonst ziemlich unfruchtbaren Heide- und Moorgegenden. Die Pflanze ist jedoch kälte- und witterungsempfindlich und verträgt keine Temperaturen unter drei Grad Celsius. Dadurch ist der Ertrag mit vielen Unsicherheiten behaftet. Die Ernte erfolgt Ende August oder Anfang September.

Buchweizen war früher in Nordwestdeutschland das Hauptnahrungsmittel der armen Landbevölkerung. Die Moorarbeiter ernährten sich hauptsächlich von Buchweizenbrei. Pfannkuchen konnte sich die Landbevölkerung nicht leisten, da man zum Backen teures Öl benötigte.

In unserer Region werden Buchweizen-Pfannkuchen in einigen Restaurants als Spezialität angeboten. Bei Mühlen- und Heimatfesten werden Buchweizenspezialitäten serviert, darunter auch die sehr gern gegessene Buchweizentorte.

Buchweizenernte in Georgsdorf – Janna Wieking kennt sich dabei aus.

Erdbeertorte »Schoko Art«

3 Eier	und
80 g Zucker	zu einer cremigen Masse schlagen.
60 g Mehl	und
20 g Speisestärke	mischen, unter die Eiermasse heben. Eine Springform mit Backpapier auslegen. Den Teig einfüllen und bei 200 °C (Umluft) etwa 20 bis 25 Minuten backen.
8 Blatt weiße Gelatine	in kaltem Wasser einweichen.
500 g Magerquark	mit
2 Pck. Vanillezucker	und
150 g Zucker	verrühren. Die Gelatine auflösen und unterrühren.
150 g Raspelschokolade	unter die Creme geben.
500 ml Sahne	steifschlagen und unterheben. Den Tortenring um den Boden legen und die Quarkmasse einfüllen. 3 Stunden in den Kühlschrank stellen.
500 g Erdbeeren	waschen, in Stücke schneiden und auf der Quarkmasse verteilen.
1 Pck. roter Tortenguss	mit
1 EL Zucker	
250 ml Wasser	nach Anleitung herstellen und über den Erdbeeren verteilen. Die Torte über Nacht kalt stellen. Den Tortenring entfernen und
3 EL Raspelschokolade	am Rand festdrücken.

Erdbeeren – lecker!

Georgsdorfer Mühlentorte

Der Biskuitboden

3 Eier	mit
150 g Zucker	schaumig schlagen.
75 g Mehl	mit
75 g Haselnüsse	sowie
1 TL Backpulver	mischen und unterheben. In eine Springform füllen und bei 180 °C etwa 30 Minuten abbacken.

Der Mürbeteigboden

60 g gemahlene Nüsse	mit
60 g Mehl	
60 g Zucker	und
60 g Butter	mit dem Knethaken des Handrührgerätes vermengen. Dann in einer gefetteten Springform ausrollen (Backpapier erleichtert das Herauslösen des Bodens) und bei 180 °C etwa 15 Minuten abbacken. Den Boden nach dem Backen sofort (noch warm) in 12 oder 16 Stücke schneiden.
200 g Schokoguss	nach Anweisung im Wasserbad oder der Mikrowelle verflüssigen, die Stücke damit bestreichen.

Der Belag

500 ml Sahne	steifschlagen, etwas Sahne für Garnitur zurücklassen.
350 g Ananas	klein schneiden und unter die Sahne mengen. Auf den Biskuitboden streichen und die Nussbodenstücke fächerförmig aufsetzen. Dafür je einen Sahnetuff auf jedes Tortenstück spritzen. Die Fächer bleiben jetzt gut stehen.

Wegweiser für Fietsers in Georgsdorf

Himbeertraum

150 g Mehl	mit
65 g Zucker	
65 g Butter	
1 Ei	
½ TL Backpulver	und
1 Pck. Vanillezucker	zu einem Mürbeteig verarbeiten. Bei 200 °C etwa 10 bis 12 Minuten in einer Springform abbacken. Den Kuchen auskühlen lassen, den Tortenring um den Boden belassen.
200 g Frischkäse	mit
1 EL Milch	
50 g Puderzucker	verrühren.
400 ml Sahne	mit
2 Pck. Sahnesteif	steif schlagen, unter die Frischkäsecreme heben.
1 EL gemahlene Mandeln	unterrühren. Die Masse auf den Boden streichen.
400 g gefrorene Himbeeren	darauf verteilen.
1 Pck. roter Tortenguss	mit
250 ml Wasser	nach Anweisung herstellen und auf den Himbeeren verteilen.

> Die Torte schmeckt noch fruchtiger, wenn beim Tortenguss ein Teil des Wassers durch roten Saft bzw. verdünnten Sirup ersetzt wird.

Radfahrer – oder Fietser?

Joghurt-Cappuccino-Torte

200 g Amarettini	16 Stück für die Verzierung zur Seite legen. Den Rest mit dem Nudelholz in einer Tüte zerbröseln und mit
125 g Butter	vermengen. Die Masse in eine mit Backpapier ausgelegte Springform (Ø 26 cm) drücken.
8 Blatt weiße Gelatine	einweichen und auflösen. Von
500 g Joghurt	zuerst 3 EL zum Temperaturausgleich in die Gelatine rühren. Dann den Rest einrühren.
60 g Cappuccino-Pulver	und
50 g Zucker	unterrühren. Die Masse kalt stellen.
400 ml Sahne	mit
2 Pck. Sahnesteif	und
2 Pck. Vanillezucker	steifschlagen. Wenn die Joghurtmasse zu gelieren beginnt, die Sahne unterheben. Alles auf den Boden füllen und kalt stellen. Für die Verzierung die Torte mit
Kakao	abstäuben.
100 ml Sahne	steifschlagen und Tupfer auf die Torte spritzen. Mit den 16 Amarettini verzieren.

Ziegenherde

Rhabarber-Krokant-Torte

600 g Rhabarber	putzen und in 2 cm lange Stücke schneiden.
30 g Zucker	und
1 Pck. Vanillezucker	untermischen. Den Boden einer Springform mit Backpapier auslegen, den Rhabarber darauf verteilen. Aus
75 g Margarine	und
120 g Zucker	
1 TL Zitronensaft	
2 Eier	
175 g Mehl	sowie
1 geh. TL Backpulver	einen Rührteig herstellen, über den Rhabarber geben, glatt streichen und bei 175 °C etwa 40 bis 50 Minuten backen. Den Springformrand abnehmen und die Torte auf ein Kuchengitter stürzen. Das Backpapier abziehen und abkühlen lassen. Aus
1 Pck. roter Tortenguss	mit
125 ml Himbeersirup	und
125 ml Wasser	einen Tortenguss nach Anleitung zubereiten. Einen Springformrand um die Torte legen und den Guss darüber verteilen, fest werden lassen.
125 ml Sahne	mit
40 g Zucker	steifschlagen. Durch die Sterntülle 12 Rosetten auf die Torte spritzen und
3 EL Krokant	daraufstreuen.

Pferde – geballtes Temperament

Stachelbeerkuchen

1 Ei	mit
125 g Margarine	
100 g Zucker	
1 Pck. Vanillezucker	
200 g Mehl	und
½ Pck. Backpulver	zu einem Rührteig verarbeiten. 2 Böden bei 180 °C etwa 15 bis 20 Minuten backen. Einen Boden zerkrümeln und mit
1 EL Butter	sowie
2 EL Zucker	in einer Pfanne rösten und erkalten lassen. Um den anderen Tortenboden einen Tortenring stellen.

Der Belag

	Den Saft von
400 g Stachelbeeren (1 Glas)	mit
1 Pck. Vanille-Puddingpulver	nach Anleitung kochen und dann die Stachelbeeren vorsichtig einrühren und erkalten lassen.
750 ml Sahne	mit
3 Pck. Sahnesteif	und
2 Pck. Vanillezucker	steifschlagen. Nun abwechselnd Sahne, Stachelbeeren und Kuchenkrümel auf den Tortenboden geben.

Dinkelsee in Neuenhaus

Grenzstein in Hesingen

Der Goldene Becher von Gölenkamp

Von Henriette Kronemeyer

Der Spöllberg in Gölenkamp gehört zu einer mit Heide bewachsenen Hügelkette in der Gemeinde Uelsen. Beim Sandgraben für seinen Schafstall stieß hier Bauer Pamann am 17. Februar 1840 mit seinem Spaten auf ein Tongefäß, das etwa einen halben Fuß tief unter der Erdoberfläche verborgen lag.

»Bei näherem Nachgraben fand ich einen von grober Erde verfertigten Topf, auf welchem jenes Gefäß (der goldene Becher) gleichsam als Deckel gelegt war. Der Topf sowohl als das Gefäß waren mit Erde angefüllt, erster mit weißem Sande, letzterer mit schwarzer Erde, sonst etwas habe ich nicht darin gefunden.« (Auszug aus dem amtlichen Fundprotokoll vom 22. 2. 1840)
Der »Goldene Becher von Gölenkamp« wiegt 277 Gramm und ist 11,5 Zentimeter hoch, hat oben einen Durchmesser von 15 Zentimetern und verjüngt sich auf 5,5 Zentimeter. Sein Alter wird auf 3500 Jahre geschätzt, frühe oder ältere Bronzezeit (18. bis 14. Jahrhundert v. Chr.). Man nimmt an, dass der Becher einem Toten als Beigabe mit ins Grab gelegt wurde. Das Original steht heute im Hause des Fürsten in Burgsteinfurt, Nachbildungen kann man in der Burg Bentheim und im Rathaus von Uelsen anschauen.

»kunstwegen« – eine Ankerkette auf dem Spöllberg in Gölenkamp.
Der Künstler Luciano Fabro nutzte den Spöllberg im Rahmen des Kunstprojektes »kunstwegen«, um dort 1999 um den Grabhügel eine 240 Meter lange Ankerkette aus Stahl zu legen. Das Kunstprojekt »Tumulus« war geboren.

Vom Spöllberg (53,2 Meter ü. NN) hat man einen herrlichen Rundblick über die Grafschaft bis hin nach Lingen im Emsland. *(Johanna Waterloh-Temme)*

Der Goldene Becher von Gölenkamp

Kuchen, Torten und Gebäck

Bibel-Kuchen

200 g Psalm 55,22	mit
1 EL 1. Samuel 14,29	verrühren.
3 Jeremia 17,11	nach und nach zugeben.
200 g 1. Chronik 12,40	dazugeben.
200 g Nahum 3,12	klein schneiden und zugeben.
200 g 4. Mose 17,23	schälen und klein hacken, zugeben und gut vermischen.
500 g 1. Könige 5,2	mit
Hohelied 4,14	
1 Prise 3. Mose 2,13	und
1 TL Amos 4,5	vermischen und zum Teig geben.
3 EL 1. Mose 8,1	hinzurühren. Den Teig in eine Backform füllen und 90 Minuten bei 175 °C backen.

> 2. Timotheus 4,22.
> Die Auflösung des »Rätsels« finden Sie auf Seite 150.

Adventsstimmung in Nordhorn

Omas Kaffeekanne

Buttermilchkuchen

4 Eier	mit
350 g Zucker	und
1 Pck. Vanillezucker	schaumig rühren.
300 g Buttermilch	hineingießen.
400 g Mehl	mit
1 Pck. Backpulver	vermischen, unterheben und zu einem glatten Teig rühren. Auf ein gefettetes Blech streichen, bei 200 °C etwa 15 Minuten vorbacken.
125 g Butter	in einem Topf zerlassen und mit
200 g Kokosflocken	sowie
75 g Zucker	mischen. Auf den vorgebackenen Kuchen streichen und weitere 5 bis 10 Minuten goldgelb backen.

Ein Tipp für Obst-Fans: 2 Dosen Mandarinen circa 350 g abtropfen lassen und vor dem Backen über dem Teig verteilen.

Schneekörbe

Baumreihe am Vechtesee in Nordhorn

Mandarinen-Topfkuchen

4 Eier	mit
400 g Zucker	
1 Pck. Vanillezucker	und
200 g Öl	verrühren.
400 g Mehl	mit
1 Pck. Backpulver	mischen und unterheben.
350 g Mandarinen (aus der Dose)	abgießen, vorsichtig unter den Teig heben. Eine gefettete Kranzform mit Paniermehl ausstreuen, den Teig einfüllen. Bei 190 °C etwa 1 Stunde backen.

Nusskuchen

250 g Butter	mit
200 g Zucker	und
4 Eier	
2 – 3 Tropfen Bittermandelöl	
200 g Mehl	
3 TL Backpulver	sowie
250 g gemahlene Haselnusskerne	zu einem Rührteig verarbeiten.
50 g Schokolade	klein schneiden und zuletzt unterheben. Den Teig in eine gefettete Kastenform füllen. Bei 175 °C etwa 50 bis 65 Minuten backen.

Haselnuss

Obstkuchen mit Streuseln (vom Blech)

120 g Margarine	mit
170 g Zucker	und
1 Pck. Vanillezucker	
3 Eier	
1 Pck. Backpulver	sowie
375 g Mehl	zu einem Rührteig verarbeiten. Den Teig auf ein mit Backpapier ausgelegtes Blech streichen.
1 kg Obst (Äpfel, Pflaumen)	waschen, entkernen, in Scheiben oder Spalten schneiden. Das Obst auflegen.

Die Streusel

300 g Mehl	mit
260 g Zucker	
175 g Margarine	und
½ TL Zimt	zu Streuseln kneten, auf das Obst streuen und bei 190 °C etwa 40 Minuten backen.

> 50 g Mandeln vor dem Backen über die Streusel geben.

Glühender Abendhimmel

Trachten in der Grafschaft Bentheim

Von Hermine Oldekamp, nach Vorlagen aus dem Bentheimer Jahrbuch 1989

Die Männerkleidung besteht aus einem weißen Leinenhemd mit Stehbundkragen und einer schwarzen Kniebundhose aus Samt oder Wollstoff mit Klappe und Hosenträger. Über dem Leinenhemd wird eine Seiden- oder Leinendamastweste mit großflächiger, floraler Musterung, einreihig mit 18 Silberknöpfen, getragen. Darüber kommt eine zweireihige Jacke aus schwarzem Wollstoff mit acht bis zwölf Knöpfen sowie Steh- und Umlegekragen, dazu ein rotgemustertes, viereckiges Halstuch. Als Kopfbedeckung trägt der Mann einen schwarzen, breitkrempigen Filzhut. Schwarze Wollstrümpfe und weiße Leinengamaschen zieren die Beine des Mannes, dazu kommen schwarze Lederschuhe.

Die Frauenkleidung besteht aus einem blaugestreiften, knöchellangen Wollunterrock, der in Falten gelegt ist, darüber ein knöchellanger Wolldamastrock, der ebenfalls in Falten gelegt ist, darüber eine dunkelblaue Leinenschürze mit schwarzen Seidenbändern, die vorne zu einer Schleife gebunden werden. Als Oberteil trägt die Frau einen sogenannten »Rump«, mit Ärmeln, die bis kurz über den Ellbogen reichen. Der Rump wird vorne mit einer Verschnürung körperbetont geschlossen. Sogenannte »Muffen« bedecken den Unterarm. Über dem Rump trägt sie ein blaues Baumwolltuch mit eingewebten, kornblumenblauen Seidenmustern, deren Enden vorne bis zur Schürze reichen. Als Kopfbedeckung trägt die Frau zwei Mützen übereinander: eine kleine Untermütze mit rotem Stickmuster und eine zweite große Untermütze mit gestärktem aufrechtem Spitzenrand, darüber kommt der Strohhut,

Jüngste Grafschafter Tracht: Hermann und Gertrud Schütman, Reiner und Janita Neef, Lambert und Dagmar Bonte

Nordhorn-Veldhausener Tracht:
Helmut und Monika Vogel, Bernd
und Hermine Oldekamp

der innen mit blau geblümtem Stoff bezogen ist und mit gemusterten Bändern unterm Kinn gebunden wird. Außerdem hat der Hut lange, schwarze Samtbänder, die vorne mit einer Silberspange zusammengehalten werden. Die Strümpfe sind aus schwarzer Wolle, die schwarzen, flachen Lederschuhe sind mit Silberschnallen (Gaspen) versehen.

Die alte Bentheimer Tracht wurde bis etwa 1850 getragen. Danach wurde sie durch eine »modernere« abgelöst. Diese ähnelt sehr der in den benachbarten Niederlanden getragenen Tracht. Die weißen Mützen blieben, wenn auch in anderer Form. Statt des Strohhutes finden wir nun einen »Kapotthood« mit teilweise bis zu zehn Zentimeter hohen Garnituren.

Die Männerkleidung besteht aus einem weißen, langärmeligen Hemd, mit Vorhemd oder steifem Kragen, einer schwarzen Röhrenhose, Hosenträger, Taschen und geknöpftem Schlitz. Dazu kommt eine schwarze Weste, hochgeschlossen oder im Cardiganschnitt, darüber eine schwarze Jacke nach städtischem Schnitt. Dunkle Strümpfe und schwarze Lederschuhe machen diese Tracht komplett.

Die Frauenkleidung besteht aus einem schwarzen Wollrock, weit, lang und faltenreich, darüber eine schwarze oder dunkelfarbige Seidenschürze. Die Jacke ist mit Schößchen und Samtaufsatz versehen. Als Kopfbedeckung trägt die Frau unterschiedliche weiße Hauben nach regionaltypischem Vorbild (»Knipp- und Kruusmüsse«, schwarzer »Kapotthood«). Die Strümpfe sind aus schwarzer Wolle oder Baumwolle, dazu trägt sie schwarze Lederschuhe.

Neben den beiden evangelischen Trachten gab es in der Grafschaft auch die katholische Tracht, die sich sehr stark an die benachbarte emsländische Tracht anlehnte. Die Männerkleidung ähnelt der moderneren Tracht.

Die Frauenkleidung besteht ebenfalls aus dem oben beschriebenen Rock der moderneren Tracht. Darüber verschiedenfarbige Seidenschürzen. Als Oberteil trägt die Frau eine schwarze, langärmelige, hochgeschlossene Jacke mit Knopfleiste. Bestickte Hauben in Gold oder Silber mit großen Nackenschleifen bilden die Kopfbedeckung. Dunkle Woll- oder Baumwollstrümpfe mit schwarzen Lederschuhen runden die Tracht ab.

Aprikosen-Käsekuchen

150 g Mehl	in eine Schüssel geben.
1 TL Backpulver	und
100 g Zucker	
75 g Margarine	
75 g gemahlene Mandeln	sowie
1 kleines Ei	hinzugeben und mit dem Knethaken des elektrischen Handrührers zu einem glatten Teig verarbeiten. Den Teig kühl stellen. Eine Springform (Ø 26 cm) einfetten. Für den Belag
200 g Margarine	schaumig schlagen.
4 Eier	sowie
150 g Zucker	hinzugeben und locker-luftig schlagen.
500 g Magerquark	mit dem Saft von
1 Zitrone	sowie
1 Pck. Vanille-Puddingpulver	und
1 EL Rum	unter die Zucker-Fett-Mischung rühren.
250 g Aprikosen (aus der Dose)	abtropfen lassen. Zwei Drittel des Mürbeteigbodens zu einer runden Platte auf einer bemehlten Arbeitsfläche ausrollen. Den Teig in die Form geben und den Teigrand gleichmäßig 2 cm hochschieben. Die Käsemasse auf den Teigboden geben. Die Oberfläche glatt streichen. Mit den abgetropften Aprikosenhälften (Wölbung nach oben) belegen. Dazwischen Streusel vom restlichen Teig setzen. Den Käsekuchen bei 180 °C etwa 1 Stunde backen.

Den Kuchen in der Form abkühlen lassen.

Ein ruhiger Herbstabend in der Obergrafschaft

Kuchen, Torten und Gebäck

Omas Apfelkuchen

250 g Butter	mit
250 g Zucker	
5 Eier	und
1 Pck. Vanillezucker	schaumig rühren.
350 g Mehl	mit
1 Pck. Backpulver	mischen und unterrühren.
1 kg Äpfel	schälen und klein schneiden, unter den Teig heben. Den Apfelteig auf ein gefettetes Blech streichen. Bei 175 bis 200 °C etwa 30 Minuten backen.
200 g Puderzucker	mit etwas
Wasser	glatt rühren und auf den ausgekühlten Kuchen streichen.

Mit Zitronensaft schmeckt der Puderzuckerguss besonders lecker.

Die Landfrauen Jenni Westrick und Herta Braakmann machen leckeren frischen Apfelsaft.

Letzte Ernte

Saftiger Topfkuchen

250 g Margarine	mit
250 g Zucker	
4 Eier	und
1 Pck. Vanillezucker	schaumig rühren.
300 g Mehl	mit
1 Pck. Backpulver	mischen und unterrühren.
125 ml Eierlikör	unter den Teig heben und in eine gefettete Topfkuchenform füllen. Bei 150 °C (Umluft) etwa 1 Stunde backen.

Glühweinkuchen

250 g Margarine	mit
250 g Zucker	und
1 Pck. Vanillezucker	schaumig rühren.
4 Eier	einzeln zugeben und unterrühren.
250 ml Glühwein	unterrühren.
250 g Mehl	mit
1 Pck. Backpulver	vermischen und unter die Teigmasse heben.
150 g Schokoraspel	unterheben, den Teig auf ein gefettetes Blech streichen und bei 160 °C Umluft 25 bis 30 Minuten backen.
80 g gehackte Mandeln	in einer Pfanne ohne Fett rösten.
250 g Puderzucker	mit
50 ml Glühwein	glatt rühren, die Mandeln unterheben und über den Kuchen streichen.
2 EL Schokoraspel	auf den Zuckerguss streuen.

Middewinterhornbläser aus Neuenhaus an der Mühle in Gildehaus

Das Middewinterhornblasen

Von Hermine Oldekamp

Das Middewinterhornblasen diente nach jahrhundertealtem, heidnischem Brauch im deutsch-niederländischen Grenzgebiet zur Vertreibung der bösen Geister und zur Begrüßung der Wintersonnenwende. Auch sollten die Götter damit um eine gute Ernte gebeten werden und die Menschen vor Not bewahren. Es diente aber auch der Benachrichtigung von Hof zu Hof, wenn Hilfe gebraucht wurde. Die Hörner haben früher auch anderen, weltlichen Zwecken gedient. So haben Schmuggler und Wilderer sich gegenseitig vor Zöllnern und Jagdaufsehern gewarnt.

Heute, nach christlichem Brauch, dient es zur Ankündigung der Geburt Jesu Christi und des neuen Jahres. Dabei wird es ausschließlich zwischen dem 1. Advent und dem Fest der Heiligen drei Könige am 6. Januar geblasen.

Mit dem Horn lassen sich nur bis zu acht Töne erzeugen. Da jedes Horn unterschiedliche Töne erzeugt, kann es nur einzeln geblasen werden. Ein harmonisches Zusammenspiel ist nicht möglich. Bei klarem, frostigem Wetter sind die Töne viele Kilometer weit zu hören.

Middewinterhornbläser im Heimatverein Brandlecht-Hestrup

Auflösung zum Bibel-Kuchen

… für Leute ohne Bibel oder mit Bauchschmerzen nach dem ersten Versuch:

200 g Butter	mit
1 EL Honig	verrühren.
3 Eier	nach und nach zugeben.
200 g Rosinen	dazugeben.
200 g Feigen oder Backpflaumen	klein schneiden und zugeben.
200 g Mandeln	schälen und klein hacken, zugeben und gut vermischen.
500 g Mehl	mit
Gewürz (Zimt)	
1 Prise Salz	und
1 TL Backpulver	vermischen und zum Teig geben.
3 EL Wasser	hinzurühren. Den Teig in eine Backform füllen und 90 Minuten bei 175 °C backen.

Zu Zeiten der Bibel gab es noch kein Backpulver. Wir empfehlen statt Sauerteig (Amos 4,5) die Zugabe von 1 TL Backpulver.
2. Timotheus 4,22 »Der Herr sei mit deinem Geist! Die Gnade sei mit euch!«

Sommersonne in Gläsern

Quarkstollen

1 kg Mehl	mit
2 Pck. Backpulver	und
375 g Zucker	
2 Pck. Vanillezucker	
1 Prise Salz	
Saft von 1 Zitrone	
3 Eier	
2 cl Rum	
1 Flasche Bittermandel-Aroma	
500 g Margarine	
500 g Quark	
500 g Rosinen	
100 g Zitronat	sowie
100 g Orangeat	in eine große Schüssel geben und gut verkneten. Sollte der Teig noch kleben, etwas Mehl zugeben. 2 Stollen formen und auf ein mit Backpapier ausgelegtes Backblech legen. Bei 160 °C etwa 1 Stunde backen.

> Nach dem Backen die Stollen sofort mit zerlassener Butter bestreichen und mit Puderzucker dick bestreuen.

Erntedank

Grafschafter Sonntagsstuten

750 ml Buttermilch	erwärmen.
1 Würfel Hefe (42 g)	in die Milch bröseln.
1 TL Salz	und
140 g Zucker	
240 g Margarine	in die warme Buttermilch rühren und 5 Minuten ruhen lassen.
700 g Weizenmehl (Type 1050)	mit
400 g Weizenmehl (Type 405)	mischen, das Buttermilchgemisch gut unter das Mehl kneten, einen Brotlaib formen und in eine gefettete große Brotform geben. 45 Minuten bei 50 °C gehen lassen, dann 1 Stunde bei 175 °C backen.

> Eine Variation: Vor dem Backen das Brot mit Wasser bepinseln und mit 2 EL Hagelzucker und 200 g Mandelblätter bestreuen.

Kirche in Egge

Brot ist fertig!

Großes Bauernbrot

1 l Milch	erwärmen (lauwarm).
1 Würfel Hefe (42 g)	in die Milch bröseln.
1 TL Zucker	einrühren, bis die Hefe sich ganz aufgelöst hat.
1 kg Weizenmehl	mit
500 g Roggenmehl	und
3 TL Salz	vermengen. Diese Mischung in einer großen Schüssel nach und nach mit der Flüssigkeit verrühren und so lange kneten, bis der Teig Blasen wirft und sich vom Schüsselrand löst. Dafür ist etwas Geduld gefragt. Den Teig mit einem Tuch abdecken, an einem warmen Ort aufgehen lassen, dann noch einmal durchkneten. Anschließend in eine gefettete Kastenform geben und an einem warmen Ort aufgehen lassen (evtl. im leicht erwärmten Backofen). Ist der Teig deutlich aufgegangen, wird die Kruste leicht rautenförmig eingeritzt. Das Brot im Backofen bei 200 °C etwa 1 Stunde backen.

> Nach dem Backen sofort aus der Form nehmen und evtl. in ein Tuch einschlagen. Dadurch wird die Kruste mürbe und ist nicht trocken.

Dinkelbrot

350 ml Wasser	erwärmen.
2 TL Salz, 1 TL Zucker	und
1 Würfel Hefe (42 g)	in das warme Wasser rühren. 10 Minuten gehen lassen.
25 g Butter	zugeben.
400 g Dinkelmehl	mit
150 g Weizenmehl	mischen und mit allen Zutaten gut verkneten. Aus dem Teig einen Brotlaib formen, in eine gefettete Kastenform legen und einritzen. 30 Minuten bei 50 °C gehen lassen, dann 1 Stunde bei 180 °C backen.

Uelsen mit reformierter Kirche und altem Rathaus

Schnelles Weißbrot

1 kg Weizenmehl	mit
2 Pck. Backpulver	und
2 TL Salz	mischen.
750 ml Buttermilch	dazugießen und mit dem Knethaken gut vermengen. Einen Brotlaib formen, in eine gefettete Kastenform legen und 1 Stunde bei 200 °C backen.

> Sie können nach Belieben Rosinen, geröstete Zwiebeln, Kräuter, kleine Schinken- oder Käsewürfel vor dem Backen unterkneten.

Quarkstuten

500 g Quark	in eine Schüssel geben.
1 EL Öl	und
2 TL Salz	
2 EL Zucker	sowie
1 Ei	zugeben und gut miteinander verrühren.
500 g Weizenmehl	mit
1¾ Pck. Backpulver	mischen und gut unterkneten. Einen Brotlaib formen, in eine gefettete Kastenform legen, einritzen und 1 Stunde bei 170 °C backen.

Brotbacken auf dem Hof Weusmann, Hestrup

Brotbacken im Steinofen

Von Gerhard Aschermann

Auf dem Bauernhof Weusmann in Hestrup wird in einem über 300 Jahre alten Backhaus seit Generationen in einem Steinofen Brot nach alten Familienrezepten gebacken. Das Anheizen des Steinofens mit trockenem Holz dauert etwa drei Stunden. Um ein Verschmutzen der Brote zu vermeiden, muss der Ofen vor Beginn des Backvorgangs gründlich gereinigt werden. Zunächst wird die Asche mit einem Feuerhaken und Reisigbesen entfernt, anschließend wird der Ofen mit feuchten Tüchern säuberlich ausgewischt.

Nun werden die vorgeformten Brotteige (etwa 30 Stück) mit einem langen Holzschieber nach und nach in den heißen Ofen geschoben. Die Backzeit hängt wesentlich von der Brotart ab. Bauern-, Mehrkorn- oder Rosinenbrot muss knapp eine Stunde backen, Vollkornbrot bis zu drei Stunden. Schwarzbrote hingegen benötigen eine lange Backzeit und bleiben oft über Nacht im sich abkühlenden Ofen.

Im Frühjahr und im Herbst nutzt der Heimatverein Brandlecht-Hestrup diesen Steinofen zum Backen von Bauern-, Mehrkorn-, Rosinen- oder Schwarzbrot, um ein altes traditionsreiches Handwerk zu erhalten. Die Brote werden dann auf den Traditionsmärkten in der Innenstadt von Nordhorn verkauft. Zum Beispiel auf dem »Holschenmarkt«, der jährlich am letzten Samstag im April stattfindet und am »Goldenen Oktober«, am letzten Wochenende im September.

Quelle: Sonderdruck, Bentheimer Jahrbuch 2005, Heimatverein der Grafschaft Bentheim e.V.

Die erfahrenen Bäckerinnen: Marianne Aschermann, Leni Aschermann und Hermine Oldekamp

Brot

Vollkornbrot

1½ Würfel Hefe (63 g)	mit
50 ml lauwarmes Wasser	und etwas
Zucker	zu einem Hefevorteig verarbeiten, kurz gehen lassen. Den Vorteig mit
800 g Weizenvollkornmehl	und
100 g Leinsamen	
100 g Haferflocken	
100 g Sonnenblumenkerne	
700 ml lauwarmes Wasser	
2 TL Salz	sowie
2 EL Obstessig oder Weinessig	in eine Küchenmaschine geben und etwa 6 Minuten auf Stufe 2 durchkneten. Den Teig in eine gefettete Kastenform füllen und längs einschneiden. In den kalten Backofen schieben, bei 50 °C etwa 30 Minuten gehen lassen, bei 200 bis 220 °C etwa 1 Stunde backen.

Getreideernte ganz traditionell – Landfrau Irmgard Lohmann

Erntezeit August – wenn der Mähdrescher kommt ...

Brot

Nuss-Vollkornbrot

500 ml Buttermilch	mit
500 ml Wasser	erwärmen.
2 Würfel Hefe (à 42 g)	mit
1 EL Salz	in das warme Buttermilch-Wasser-Gemisch rühren.
500 g Weizenvollkornschrot	mit
750 g Weizenvollkornmehl	
100 g Rosinen	und
100 g ganze Haselnüsse	mischen, das Buttermilch-Wasser-Gemisch gut unterkneten. Einen Brotlaib formen und in eine große gefettete Kastenform legen, dann einritzen. Etwa 30 Minuten bei 50 °C gehen lassen, dann 1 Stunde bei 180 °C backen.

Getreideernte anno dazumal

Vesper

Harm en sien Krijntenstüütken – Geschichte in »Wilsumer Platt«

Von Janette Boerigter

Wilsem is 'n besünning Dörpken. Dat wöód tenminsten aait seggt. Of doar wat van an is, weet ik nich. Up elk Gefall hebt de Wilsemer Ortsdeele wat raare Namens. Eene van de Ortsdeele hett »Gluup«. En anners eene hett »Stadt«.
Nou! – Sütink uut'n »Gluup« kregen unverdachens Vesite. Doar hadd'n se nich met rekkent. Se hadd'n vürtied ok gin Bescheed kregen. Up nen mooien Noamiddag stöind ne Kuutsche vür de Beneendüre en Geert-Oam en Gee-Möje kröópen druut. Men du wööten Sütink drock! »O o, wie hebt nich ees 'ne Beschüte in Huus!« Se röpen eare Junge: »Harm, Harm, kumm is gauw! – Jaag is ääm up de Fietse noa'n Wijnkel en haal 'n Wittwäiten Stüütken up!« Harm kreeg 'ne Riege Äier met ien de Tasche en dann fietste he ein 'n Draff up de »Stadt« an. Doar kott vür'n »Tangenbarg« hadd'n Vellers earen Wijnkel.
Men du he doar köimp, sää Veddelers Lukas: »Dat spiet't mi! Wittwäiten Stute is d'r nich mehr. Wi hebt alleene noch 'n Krijntenstüütken. Sall 'k di dat men metdoon?« »Too men, is ok wal goot«, sää Harm. He betaalde met die Äier, stoppte de Rulle Beschüten ien de Tasche en dat Krijntenstüütken unner 'n Schnappert. Dann fietste he foart wier up Huus an. He wüss ja wal, dat se up em wochten. Unnerweggens greep he albott moal achteruut en plüürde doar 'n paar Krijnten uut den Stuten. De Krijnten en de Rosinen war'n doch soa lecker! Up halwe Weg köimp em sien'n Noaber temöte. Dee futerde: »Nou Harm! Segg is, Junge! Wat dösse doch! Du biss doch nich goot wies! Plüürs all de Rosinen uut de Stute! Dat mösse gewonn'n loaten!«
Harm street heel bedaard van de Fietse, göing bestreen vür sein'n Noaber stoahn en sää:
»Eerstens, ... geht di doar niks van an!
Tweetens, ... bis du nich van onse Karke!
En dartens, ... woll mien Muur nen witten Stuten hebb'n!«

Blühende Heidefläche am Kiessee in Wilsum

Baguette

500 g Weizenmehl (Type 405)	mit
100 g Weizenvollkornmehl	
2 Pck. Trockenhefe	
1 TL Zucker	sowie
1 EL Salz	in eine Rührschüssel geben und vermengen.
150 ml warme Milch	
250 ml warmes Wasser	sowie
2 EL Öl	dazugeben. Mit dem Knethaken der Küchenmaschine gut verkneten. Den Teig zu 3 Strängen rollen (je 25 bis 30 cm lang), auf ein gefettetes Backblech legen und im Abstand von 5 cm schräg einschneiden. Den Teig 30 Minuten gehen lassen. In den vorgeheizten Backofen schieben und bei 200 °C (Ober- und Unterhitze) 30 Minuten backen.

> **Gefüllte Baguettes:** Der Teig wird zu einem Rechteck ausgerollt, mit Butter bepinselt und mit Schinkenwürfel, Röstzwiebeln, Raspelkäse, Schmelzkäse oder Kräutern belegt. Nun von der langen Seite her fest einrollen und danach abbacken.

Still ruht der Mühlenteich an Schonevelds Mühle in Wilsum.

Brot

Zwiebelbrot

2 Pck. Trockenhefe	mit
250 ml lauwarmes Wasser	
200 g Kräuter-Schmelzkäse	
2 EL Zucker	und
1 TL Salz	verrühren.
600 g Mehl	dazugeben. Mit dem Knethaken solange vermengen, bis nichts mehr am Rand der Schüssel kleben bleibt. Den Teig 30 Minuten gehen lassen.
1 Pck. Zwiebelsuppe (instant)	mit
100 g Butter	cremig rühren. Den Teig in einer Größe von 50 x 30 cm ausrollen. Die Butter-Zwiebel-Mischung auf den Teig streichen. Den Teig von der schmalen Seite her aufrollen, längs durchschneiden und mit der Schnittfläche nach oben auf ein mit Backpapier ausgelegtes Blech legen. 20 Minuten gehen lassen. Dann im vorgeheizten Ofen 25 Minuten bei 180 °C backen.

> Mit Kräuterbutter servieren. Schmeckt frisch am besten. Passt hervorragend zur Grillparty.

Gerstenfeld – noch grün

Haferfeld

Frische Sonntagsbrötchen

500 g Mehl	in eine große Schüssel geben.
1 Würfel Hefe (42 g)	zerbröseln und zugeben.
2 EL Öl	sowie
1 TL Salz	
300 ml kalte Buttermilch	hinzufügen und mit dem Knethaken des Handrührgerätes 3 bis 5 Minuten durchkneten. Die Schüssel mit einem Deckel verschließen und über Nacht in den Kühlschrank stellen. Am nächsten Morgen den Teig kurz durchkneten. Er sollte weich und elastisch sein (wenn er klebt, noch etwas Mehl unterkneten). 12 bis 14 Brötchen formen und auf ein Backblech legen. Nach Belieben mit
Sesam, Mohn	bestreuen und die Brötchen nochmals 30 Minuten gehen lassen. Im vorgeheizten Backofen bei 225 °C auf der unteren Schiene (Ober- und Unterhitze) 25 Minuten backen.

Getreidefeld kurz vor der Ernte

Traditionelle Getreideernte mit dem Balkenmäher, Heimatverein Wilsum

Originelles Zupfbrot

750 g Mehl	mit
450 ml lauwarmes Wasser	und
1 Würfel Hefe (42 g)	
1½ TL Salz	
1 Prise Zucker	sowie
4 EL Öl	zu einem Hefeteig verkneten und zugedeckt 45 Minuten gehen lassen. Dann ausrollen, mit
100 g Kräuterbutter	bestreichen und in 3 bis 4 cm breite Streifen schneiden. Die Streifen kreuz und quer in eine gefettete Springform legen. 30 Minuten bei 50 °C gehen lassen, dann 35 bis 45 Minuten bei 190 °C backen. Nach dem Erkalten wird das Brot beliebig auseinandergezupft.

Tipps zum Zupfbrot:

– Da die Kräuterbutter beim Backen auslaufen kann, sollten Sie zusätzlich eine Fettpfanne unter den Rost schieben.
– Das Brot im ganzen Stück servieren. Die einzelnen Brotstreifen lassen sich beliebig herauszupfen.
– Die Kräuterbutter lässt sich gegen 150 g flüssige Butter austauschen, die mit 1 Pck. Zwiebelsuppe (Instant) vermischt wird.
– Das Mehl kann auch zur Hälfte oder komplett durch Vollkornmehl ausgetauscht werden.

Feldarbeit

Fladenbrot

1 kg Mehl	mit
2 EL Zucker	
1 EL Salz	
1 Würfel Hefe (42 g)	und
400 ml lauwarmes Wasser	in eine Schüssel geben, verrühren und durchkneten. 30 Minuten zugedeckt gehen lassen. Den Teig in 2 oder 3 Teile teilen und jeweils zu einem Fladen formen. Etwa 15 Minuten gehen lassen, dann leicht mit Wasser bepinseln.
100 g geriebener Käse	daraufgeben. Mit
getrocknete Salatkräuter	würzen. Nach Belieben mit
Sesam, Sonnenblumenkerne, Leinsamen	bestreuen. Im vorgeheizten Ofen bei 200 °C etwa 10 bis 15 Minuten backen.

Die Erntekrone ist fertig.

Igelbrötchen

630 g Mehl	in eine Schüssel geben und mit
1 Pck. Trockenhefe	mischen.
1 EL Honig	sowie
2 TL Salz	
250 ml lauwarme Milch	
250 ml lauwarmes Wasser	und
50 g weiche Butter	dazugeben. Alles miteinander verrühren und zugedeckt 15 Minuten bei 50 °C gehen lassen. Den Teig zu einer Rolle formen und gleichmäßige Brötchen (10 Stück) abschneiden. Die Kugeln mit etwas Abstand zueinander auf 2 mit Backpapier ausgelegte Bleche legen und mit der Schere schräg einschneiden, so dass Spitzen entstehen
Rosinen oder Kürbiskerne	in die Brötchen stecken. Nun noch etwas aufgehen lassen. Dann mit
Milch	bestreichen und in den kalten Backofen schieben. 20 bis 25 Minuten bei 175 bis 200 °C abbacken.

Igel – auf Entdeckungstour

Vom Samerrott und seinen Mahlmännern

Von Ernst Asche

Die ältesten uns erhaltenen schriftlichen Zeugnisse aus der Grafschaft Bentheim stammen aus dem 9. nachchristlichen Jahrhundert. Schon damals scheint das Waldgebiet Samerrott im Gemeinschaftseigentum der altangesessenen Bauern gestanden zu haben. Anzunehmen ist, dass sich alte Rechte aus sächsischer Zeit in das Frankenreich Karls des Großen hinübergerettet haben.

So haben die Berechtigten über die Jahrhunderte hinweg den Forst bis in die heutige Zeit in Eigenverantwortung bewirtschaftet, auch wenn dem Bischof von Münster als Erbholzrichter und den heute staatlichen Forstdienststellen die Oberaufsicht oblag.

Die berechtigten Bauern bestimmten aus ihren Reihen erfahrene und durchsetzungsfähige Männer mit der Führung und Leitung des Gemeinschaftswaldes. Mahlmänner wurden sie genannt. Sie waren dafür verantwortlich, wie viel Holz eingeschlagen werden durfte, wie die Waldweide für das Vieh der Anteilseigner genutzt wurde, in welchem Rahmen Waldfrevel geahndet wurde oder welche Arbeitseinsätze die Mitglieder zu leisten hatten.

Häufig wurden diese Führungsaufgaben auch über lange Zeit in den Familien an die Folgegeneration weitergegeben. So war der Erbe auf dem Hof Schulze-Holmer stets der Vorsitzende des Mahlmännergremiums und nahm die ständige Vertretung des Erbholzrichters wahr.

Mit der gesetzlichen Neuordnung der Gemeinschaftsforsten in unseren Tagen (zu Realverbänden) heißen die Vorstandsmitglieder des Realverbandes Samerrott traditionell »Mahlmänner«.

Frühlingserwachen im Samerrott

Eingemachtes

Gurken süßsauer

1½ kg Einlegegurken	schälen, von den Kernen befreien und in 3 x 1 cm lange Streifen schneiden.
500 g Zucker	mit
250 ml Weinessig	und
250 ml Wasser	in einem großen Topf erhitzen. Die Gurken zugeben und solange kochen, bis sie glasig sind. Die Gurken sind sofort verzehrbar. Wer sie länger genießen möchte, kann sie einkochen. Dazu mit der Kochflüssigkeit in Schraubgläser füllen und etwa 10 Minuten bei 80 °C im Einkochautomat sterilisieren. Diese Konserve hält sich mindestens 1 Jahr.

Sie können auch Kürbis nach dieser Art, in gleicher Menge süßsauer einlegen.

Laar aus luftiger Höhe

Maibaum in Laar

Zucchinigemüse süßsauer

3 kg Zucchini	sowie
500 g Paprikaschoten	
500 g Zwiebeln	putzen, entkernen und klein schneiden.
375 ml Kräuteressig	mit
375 ml Wasser	und
1 kg Zucker, 3 EL Salz	
2 TL Selleriesalz	
2 TL Kurkuma	sowie
4 TL Senfkörner	in einen Topf geben und aufkochen lassen. Den Sud auf das Gemüse geben. 24 Stunden stehen lassen, gelegentlich umrühren. Dann in Gläser füllen und bei 80 °C etwa 15 Minuten im Einkochtopf sterilisieren.

Kleine saure Gurken

750 ml Weinessig	mit
750 ml Wasser	
1 EL Salz	und
150 g Zucker	in einen Topf geben und aufkochen.
3 kg kleine Gurken	putzen und waschen.
300 g sehr kleine Zwiebeln	schälen. Die Gurken mit den Zwiebeln und
1 Pck. Gurkengewürz	in saubere Gläser schichten, den Sud übergießen. Die Gläser bei 80 °C etwa 15 Minuten im Einkochtopf sterilisieren lassen.

Dill mit Dolden – prima für saure Dillgurken

Zigeunersoße

1½ kg Zucchini	und
1 kg gemischte Paprikaschoten	
500 g Zwiebeln	putzen, klein schneiden oder raspeln.
250 g Öl	erhitzen, Gemüse und
1½ l Tomatenketchup	zugeben. Unter Rühren aufkochen und mit
Pfeffer, Salz, Tabasco	abschmecken. In vorgewärmte Gläser füllen und bei 80 °C etwa 25 Minuten einkochen.

> Schmeckt gut mit Hackfleisch zu Nudeln.

Kürbismarmelade

1 kg Kürbis	schälen, zerteilen, entkernen und reiben.
400 g Äpfel	schälen und fein reiben.
400 g Apfelsinen	schälen, dabei auch die weiße Haut entfernen und pürieren.
½ TL Ingwer	mit Kürbis, Apfel und Apfelsine in einem großen Topf vermischen.
2 kg Gelierzucker	mit den Früchten vermengen und (in 4 Minuten) nach Packungsanweisung zu Marmelade kochen. Noch heiß in vorgewärmte Gläser füllen. Die Gläser fest verschließen.

Kürbiskind

Heidelbeer-Brombeer-Konfitüre

500 g Heidelbeeren	und
500 g Brombeeren	sorgfältig verlesen. Die Beeren kalt abspülen und auf Küchenkrepp abtropfen lassen. Die Früchte in einen Topf geben, dabei die Heidelbeeren ganz lassen, die Brombeeren leicht zerdrücken. Mit
1 kg Gelierzucker	bestreuen. Zugedeckt über Nacht stehen lassen. Dann bei mittlerer Wärmestufe unter Rühren zum Kochen bringen. Sprudelnd 4 Minuten kochen lassen.
50 g Mandelsplitter	in den letzten 2 Minuten mitkochen und eine Gelierprobe machen.
4 EL Zitronensaft	sowie
2 – 3 EL Gin	unterrühren. In heiß ausgespülte Gläser füllen, gut verschließen. Die Gläser kurz auf den Kopf stellen.

Vanille-Heidelbeer-Marmelade

1 kg frische Heidelbeeren (Blaubeeren)	mit dem Mixstab pürieren und mit
500 g Gelierzucker (2:1)	verrühren. In einen Kochtopf geben und mit
1 Pck. Zitronensäure	und dem ausgekratzten Mark von
½ Vanilleschote	nach Packungsangabe kochen. In saubere Schraubgläser (mit kochendem Wasser gespült) füllen und sofort verschließen.

Heidelbeeren

Eingemachtes

Pflaumenkonfitüre mit Walnüssen

1 kg gewaschene und entsteinte Pflaumen	in kleine Stückchen schneiden.
1 kg Gelierzucker	unter die Fruchtmasse rühren.
2 EL Zitronensaft	dazugeben (wer mag, kann die Masse mit dem Pürierstab noch weiter zerkleinern). Unter Rühren zum Kochen bringen, etwa 3 Minuten kochen
50 – 70 g gehackte Walnüsse	dazugeben, noch 1 Minute weiterkochen und dann eine Gelierprobe machen. Die Fruchtmasse heiß in 4 – 5 vorgewärmte Marmeladengläser füllen, verschließen und 5 Minuten auf den Deckel stellen, dann wieder umdrehen. Die Gläser sind nun luftdicht verschlossen.

Dieses Rezept kann auch mit Gelierzucker 2:1 zubereitet werden, die Konfitüre ist dann nicht ganz so süß. Je nach Geschmack kann die Walnussmenge noch erhöht werden.

Kuhweide in Wilsum

Mühlrad an der Wassermühle in Wilsum

Wilsumer Lied

Hier in Wilsum is't am besten, bouwen Wilsum geht de nix.
Wor sind wall de Wichter moier, wor de Jungs ock wall so fix.
Hier in Wilsum mag ick woan, anners nargens lewer weern.
Bouwen Wilsum geht mi nix! Bouwen Wilsum geht mi nix!

Is de ijs bloos man't »Tuthorn«, Jungs un Wichter goht not Brook.
Auljohrs obend wott de updischt, Broon up Mettwost ut den Rook.
Neijohrs obend wott de süngen, bij de Ridder danzt en sprüngen,
on et Schapp geft vull Plesär – on et Schapp geft vull Plesär.

Was ick doch es wer in Wilsum wo ick Auln un Junge kenn.
In de Frömde wensch ick fake konk doch mol Mur's Koken schmaken.
Satt man weer in'n Krünk üm't Führ, satt man weer in'n Krünk üm't Führ.
För min Wilsum, för min Wilsum geef ick Blod un Leewen her!

(Verfasser unbekannt)

Bienenhaus am Mühlenteich in Wilsum

Backhaus am Mühlenteich in Wilsum

Eingemachtes

Holunderblütensirup

10 vollreife Holunderblütendolden	abschütteln (nicht waschen!), mit
1 l Wasser	ansetzen und 24 Stunden ziehen lassen. Den Saft durch ein feines Sieb abgießen und mit
1 kg Zucker	sowie
1½ – 2½ g Zitronensäure	aufkochen lassen (der Zucker muss sich vollkommen gelöst haben). Den Sirup heiß in vorgewärmte Flaschen füllen und gut verschließen.

Der Sirup hält sich mindestens 1 Jahr. Verwendung: mit Mineralwasser als Erfrischungsgetränk, als Geschmacksgrundlage für eine Cremespeise oder für Tortenfüllungen.

Holunderblüten

Steinbruch in Gildehaus

Gildehauser Steinbruch und Museum

Von Hildegard Kuhr

Vor 125 Millionen Jahren wurden durch Überflutungen gewaltige Sandmengen angespült. Mit Quarz, Kalk und Ton vermischt, entstand unter Druck der Bentheimer Sandstein. Er ist ein beliebter Baustoff, der aufgrund seiner großen Festigkeit und Härte vielseitig verwendbar ist. In der Grafschaft Bentheim, dem Emsland, den Niederlanden bis nach Dänemark findet man viele bedeutende Gebäude aus Bentheimer Sandstein. Bekannt ist das Königliche Palais in Amsterdam, die Frauenkirche in Antwerpen oder die katholische Kirche in Aarhus, Dänemark. Eines der größten Bauwerke ist die Burg Bentheim.

Der Gildehauser Steinbruch ist ein lohnenswertes Ausflugsziel. Eine kleine Kapelle am Rande lädt den Besucher zum Verweilen ein.

Im geologischen Freilichtmuseum Gildehaus befinden sich 50 Exponate aus verschiedenen Ländern. Von den 16 verschiedenen Gesteinsarten zählt der jüngste Stein – ein Travertin – 30 000 und der älteste – ein indischer Granit – 1,4 Milliarden Jahre.

Geologisches Freiluftmuseum in Gildehaus

Schwer beladene Loren im Steinbruch in Gildehaus

Frühlingsdip

200 g Frischkäse	mit
200 g Crème fraîche	und
2 EL Salatmayonnaise	verrühren. Eventuell etwas
Salz, grober Pfeffer	dazugeben und verrühren. In eine flache Schale geben und glatt streichen.
125 ml Salsasoße	darüber verteilen. Einige
Cocktailtomaten	und
Lauchzwiebeln	klein schneiden und darüber verteilen.

Hermines Dip

500 g Quark	mit
200 ml Sahne	
200 g Schmand oder saure Sahne	und
1 TL Salz	gut verrühren.
Petersilie, Schnittlauch	sowie
3 – 5 Zwiebeln	
3 Knoblauchzehen	schälen, fein hacken und dazugeben, gut verrühren.

> Ideal zum Grillen, für Folienkartoffeln oder für frisches Gemüse. Dieser Dip kann variiert werden, z.B. mit Salsa-Soße (dann ohne Zwiebeln und Knoblauch zubereiten).

Narzissen am Bentheimer Wald

Knoblauchdip

1 kleine Zwiebel	schälen, fein würfeln.
1 – 2 Knoblauchzehen	schälen, fein würfeln oder besser in einer Knoblauchpresse zerdrücken. Die Zutaten mit
200 g Frischkäse	verrühren und mit
1 TL Currypulver, Salz, Pfeffer	abschmecken.
200 ml Sahne	steifschlagen und unterheben.
Petersilie, Schnittlauch	fein hacken und nach Geschmack zugeben.

Salsadip

200 g Frischkäse	mit
200 g Schmand	verrühren.
250 ml Salsa-Soße	zugeben und gut verrühren.
3 – 4 Tomaten	würfeln und dazugeben.
Kräuter (frisch oder TK)	dazugeben, verrühren und kühl servieren.

> Der Dip eignet sich zu Rohkostgemüse und zu Grillfleisch.

Rote Frühlingsboten – Tulpen

Lachsdip

200 g Frischkäse	mit
1 EL Senf	und
1 EL Honig	glatt rühren.
200 g Räucherlachs	in feine Streifen schneiden und unterrühren.
2 EL Dill (frisch oder TK, fein geschnitten)	dazugeben. Mit
Pfeffer, Salz	abschmecken.
2 Lauchzwiebeln	putzen, sorgfältig waschen, in sehr feine Ringe schneiden, 1 Esslöffel voll zur Garnierung zur Seite stellen und den Rest unter die Käsecreme mengen.

Mit Lauchzwiebelringen garnieren.

Die reformierte Kirche Schüttorf

Von Sini Koopmann, Marja Asche

Die reformierte Kirche, erbaut von 1452 bis 1535, prägt das Zentrum der Stadt Schüttorf. Als Besonderheit darf das Gestühl im Kirchenschiff angesehen werden. Es ist kreisförmig um die Kanzel angeordnet und damit Ausdruck des reformierten Glaubensverständnisses. Der Turm mit seiner imposanten Höhe von 81 Metern ist bis zur Brüstung begehbar. Wer sich die Mühe macht, die 219 Stufen bis hinauf zu steigen, wird mit guter Fernsicht bis weit ins Münsterland oder bis zur Kreisstadt Nordhorn belohnt.

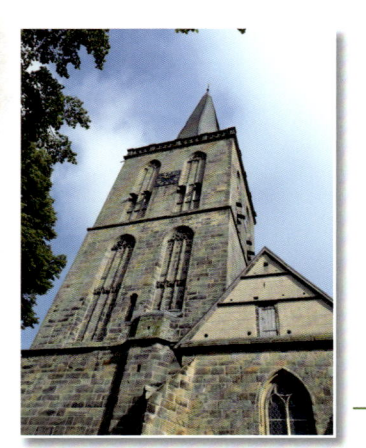

Mehrfach wurde der Turm durch Blitzeinschläge beschädigt. Letztmals im Februar 1889 half nur noch Milch, da alle Löschteiche zugefroren waren. Die Bürger schleppten sie mühsam in Kannen bis in die Kirchturmspitze. Die Verkrustung der Milch erstickte das Feuer. Früher gab es Turmbläser, welche »Chür« genannt wurden. Sie bliesen dreimal täglich Choräle in alle Himmelsrichtungen. Seit 1995 werden die Jahreszeiten Frühling und Herbst von Bläsern angekündigt.

Der Turm der reformierten Kirche in Schüttorf ist der höchste in der Grafschaft Bentheim.

Die reformierte Kirche in Schüttorf

Begriffserläuterungen

Abbacken / Ausbacken	Etwas in heißem Fett schwimmend backen.
Ablöschen	Das Angießen von scharf angebratenem oder geschmortem Fleisch oder Gemüse.
Abschmälzen	Mit flüssiger, leicht gebräunter Butter übergießen.
Abschmecken	Eine Speise mit den Grundgewürzen Salz, Pfeffer, Zucker usw. nach eigenem Geschmack würzen.
Andünsten / Anschwitzen	Ein Lebensmittel in heißem Fett leicht rösten, ohne es zu braten. Das Lebensmittel soll nur glasig werden, z.B. Zwiebeln.
Ausbraten / Auslassen	Den Speck so lange braten, bis das Fett herausgebraten ist.
Blanchieren	Zutaten in einen Topf mit kochendem Wasser geben und kurz köcheln lassen.
Garen / Köcheln	Eine Speise sollte nicht stark kochen. Die Hitzezufuhr muss so gedrosselt werden, dass nur ein leichtes Aufsteigen von Kochblasen zu sehen ist.
Gratinieren	Das Überbacken von Speisen.
Legieren	Ist das Binden und Verfeinern von Gerichten mit Eigelb. Das Ei oder Eigelb wird mit warmer Flüssigkeit vermischt und unter ständigem Rühren in die nicht mehr kochende Speise gegeben.
Karkasse	Aus dem Französischen: Carcasse für Gerippe. Karkasse nennt man das nach dem Tranchieren meist kleinerer Tiere zurückbleibende Knochengerüst samt eventuell anhaftender Fleischreste.
Marinieren	Ist das Einlegen von Lebensmitteln in eine gewürzte Flüssigkeit, um der Speise einen besonderen Geschmack und bessere Haltbarkeit zu verleihen.
Mehlschwitze	Traditionelles Bindemittel von Suppen und Soßen (Fett zerlassen und Mehl einrühren).
Parieren	Fleisch von Fett und Sehnen befreien.
Passieren	Flüssigkeiten durch ein Sieb oder Tuch geben.
Pürieren	Ein gares Lebensmittel wird stark zerkleinert. Früher war hierfür in vielen Haushalten die »Flotte Lotte« ein beliebtes Haushaltsgerät, z.B. um Apfelmus herzustellen.
Reduzieren	Flüssigkeit fast vollständig verkochen lassen (einkochen).
Stocken lassen	Das Garen von Eiern oder Eimasse, bei mäßiger Hitze im Topf oder Wasserbad, ohne dabei das Gargut umzurühren.
Wasserbad	Ist eine Methode, um Speisen indirekt mit Hitze zu versorgen. Dabei wird der Topf mit den Speisen in einen anderen Topf mit heißem Wasser auf den Herd gestellt.
Zerlassen	Butter oder Margarine in einer Pfanne oder einem Topf bei mäßiger Hitze schmelzen, aber nicht braun werden lassen.

Maße und Gewichte

1 gestr. EL Fett	15 g
1 gestr. EL Mehl	10 g
1 geh. EL Mehl	15 g
1 kleine Zwiebel	30 g
1 mittlere Zwiebel	50 g
1 große Zwiebel	70 g
1 kleine Kartoffel	70 g
1 mittlere Kartoffel	120 g
1 große Kartoffel	180 g
½ kg	500 g
1 kg	1000 g

1 Liter	1000 ml / 1000 ccm
¾ Liter	750 ml / 750 ccm
½ Liter	500 ml / 500 ccm
⅜ Liter	375 ml / 375 ccm
¼ Liter	250 ml / 250 ccm
⅛ Liter	125 ml / 125 ccm
1 TL	5 ml
1 EL	15 ml
1 Tasse	150 ml

Abkürzungen

Msp.	Messerspitze
EL	Esslöffel
geh. EL	gehäufter Esslöffel
gestr. EL	gestrichener Esslöffel
TL	Teelöffel
geh. TL	gehäufter Teelöffel
gestr. TL	gestrichener Teelöffel
g	Gramm
kg	Kilogramm
ml	Milliliter
cl	Zentiliter
l	Liter
ccm	Kubikzentimeter
Pck.	Päckchen
°C	Grad Celsius
TK	Tiefkühlkost

Rezeptregister nach Kapiteln

Salate

Bunter Sommer-Kartoffelsalat	12
Feuriger Schichtsalat	13
Gerdas Gurkensalat	13
Fruchtiger Feldsalat	14
Grafschafter Kartoffelsalat	16
Nudelsalat mit Kräuterdressing	17
Pikante Salattorte	18
Porree-Apfel-Frischkost	19
Reis-Schichtsalat	20
Spaghetti-Salat	21
Tortellini-Salat	22

Suppen und Eintöpfe

Erbsensuppe Rucki-Zucki	24
Emlichheimer Kartoffelsuppe	25
Gyrossuppe	25
Grafschafter Grünkohleintopf	26
Japanischer Eintopf	27
Holländischer Eintopf	28
Kürbis-Curry-Suppe	29
Ofensuppe	30
Pikante Käsesuppe	32
Paprika-Chili-Suppe	33

Gemüse- und Backofengerichte

Grünkohlauflauf	34
Annas Gemüseauflauf	35
Kräuterhähnchen-Auflauf	36
Porree-Kassler-Kartoffelauflauf	37
Wirsing-Kartoffel-Auflauf	38
Spargel-Eier-Auflauf	39
Tortellini-Auflauf mit Broccoli	39
Zwiebelkuchen vom Blech	40
Pikanter Käsekuchen	42

Porreetorte mit Ziegenkäse	43
Grafschafter Sauerkraut mit Apfel	44
Rotkohl	45
Wirsingkohl	46

Kartoffelgerichte

Bauernfrühstück	48
Emlichheimer Kartoffelgratin in Senfsoße	49
Falsche Fritten (Kartoffelspalten)	49
Kartoffelpizza	52
Kartoffelauflauf	53
Reibekuchen	53
Kartoffel-Möhren-Gratin	54
Speckkartoffeln	54
Kartoffelwaffeln	56
Knoblauchkartoffeln	57

Fleischgerichte

Senfbraten	58
Schweinerouladen mit Sauerkrautfüllung	59
Jägerkrüstchen mit Pilzen	60
Geschnetzeltes unter der Kartoffelhaube	61
»Von des Schweines Rippe«	62
Wilsumer Hackbraten	64
Mangoldröllchen	65
Gegrillte Frikadellen aus dem Backofen	66
Claudias Teufelstopf	66
Rouladen vom Rind	68
Rindfleisch mit Soßenvariationen	70
Schnelle Hähnchen-Gemüsepfanne	72
Hähnchenfilet mit Pfirsich	73
Saftige Porree-Schnitzel	74
Knusprige Ente	75

Fischgerichte

Lachs-Lasagne mit Broccoli	76
Fisch in Kräutersoße	77
Fischfilet mit Pesto-Möhren	77
Fischfilet mit Pesto und Mozzarella	78
Kabeljaufilet im Bratschlauch	80

Feinkost-Fleischerei Günther

Aus der Region – Für die Region

Feinste Fleisch- & Wurstspezialitäten vom bunten Bentheimer Landschwein, von unseren Meistern aus Liebe zum Handwerk hergestellt...

Wir freuen uns auf Ihren Besuch!

www.fleischerei-guenther.de

Euregiostraße 12 • 48455 Bad Bentheim/Gildehaus
Tel.: 0 59 24 / 7 82 78 78
Klausheiderweg 17 • 48531 Nordhorn/Klausheide
Tel.: 0 59 21 / 3 52 35
Lingener Str. 51 • 48531 Nordhorn
Tel.: 0 59 21 / 7 12 23 95

Grafschafter Landservice
Ihr Landfrauenservice in der Grafschaft Bentheim

Die Landfrauen kochen und backen und bieten Ihnen ein umfangreiches Cateringangebot – Ob Kuchen, Canapés, kalte Platten und Buffets aller Art – bei uns finden Sie das Richtige für Ihre ganz persönliches Fest.

Wir freuen uns auf Ihre Bestellung!

Tel. 0 59 21 / 72 80 80
info@grafschafter-landservice.de
www.grafschafter-landservice.de

Für Ihren besonderen Anlass

Seien Sie Gast in Ihrem eigenem Hause und genießen Sie unseren Service. Wir bieten Ihnen mit unserem Grillservice den festlichen Rahmen für einen einmaligen Tag.

FLEISCHEREI DUST
Salzberger Str. 54 48465 Schüttorf
Tel./Fax 05923-2240
seit 1934

Gutes aus der Kartoffel

EMSLAND GROUP
using nature to create

Die Emsland Group ist eine international agierende Unternehmensgruppe mit weltweitem Vertrieb in über 120 Ländern und mit 7 Produktionsstandorten in Deutschland. Unsere Firmenzentrale ist in Emlichheim mit der Emsland-Stärke GmbH.

Aus dem nachwachsenden Rohstoff „Kartoffel" werden vielfältige und einzigartige Produktinnovationen entwickelt, die für viele verschiedene Industriezweige unverzichtbar sind. Sie finden ihren Einsatz in der Nahrungsmittelindustrie sowie in Industriezweigen mit technischen Spezialitäten.

Von der Mecklenburger Kartoffelveredlung GmbH, die ebenfalls zur Unternehmensgruppe gehört, finden Sie unter der Marke „Mecklenburger Küche" leckere Kartoffelprodukte, die Sie direkt im Handel kaufen können. Neben dem bekannten Goldpüree, gehören Kartoffelklöße, Kartoffelknödel, Bratkartoffeln und Kartoffelsnacks zur Produktpalette. Das was aus der „Mecklenburger Küche" auf den Teller kommt, ist einfach, schnell und kinderleicht zubereitet und schmeckt fast wie selbst gemacht.

Wir wünschen guten Appetit!

Kartoffelklöße halb & halb

Für 3 Portionen

Zutaten:

300 g	Paprikaschote(n), rot
3	Tomaten
1	Zwiebel
1 Zehe	Knoblauch
5 EL	Olivenöl
100 g	Schmand
80 g	Käse (Emmentaler), gerieben
2 EL	Tomatenmark
2 EL	Schmelzkäse
80 ml	Schlagsahne oder Crèmefraîche
Stiele	Schnittlauch
Stiele	Basilikum
n. B.	Salz und Pfeffer
n. B.	Paprikagewürz scharf

Kartoffelklöße halb & halb • im Kochbeutel nach Anleitung zubereiten. Paprika und Zwiebel in kleine Stücke schneiden und im heißen Öl andünsten. Knoblauch pressen oder fein hacken und hinzufügen, alles etwa 5 Minuten bei schwacher Hitze dünsten. Schmand, Emmentaler, Tomatenmark, Schmelzkäse, Sahne, Salz und Pfeffer verquirlen und zum Gemüse geben. Die Sauce bei niedriger Temperatur unter vorsichtigem Rühren schmelzen lassen. Die in kleine Stücke geschnittenen Tomaten dazu geben und mit Paprikagewürz abschmecken. Alles noch mal kurz aufkochen lassen und anschließend die klein gehackten Kräuter einrühren.

Emsland-Stärke GmbH • Emslandstraße 58 • D-49824 Emlichheim
info@emsland-group.de • www.emsland-group.de

© www.freisign.de

Gebratene Forelle	81
Isterberger Fisch in Joghurtsoße	81
Überbackenes Fischfilet mit Curryreis	82
Zanderfilet im Speckmantel	84
Lachs-Lasagne mit Spinat	85

Traditionelle Rezepte

Bentheimer Moppen	86
Buchweizenpfannkuchen	87
Frischken Schloat – Kopfsalat mit Sahnedressing nach Großmutters Art	87
Grafschafter Hochzeitssuppe	88
Eierstich als Suppeneinlage	91
Zwiebackklößchen	91
Grafschafter Stockfisch	92
Nije Earpel – Kartoffeln mit Speckfett	93
Püfferties	93
Neujahrskuchen	94
Knieperties	95
Schoosollen oder Lange Koken	96

Süßspeisen und Desserts

Apfelringe – heiß und lecker	98
Apfeltraum	99
Knusperäpfel mit Vanilleeis	99
Damenspeise	101
Grafschafter Herrenspeise	101
Sommerliches Tiramisu mit frischen Erdbeeren	102
Holunderbeersuppe	103
Holunderblütencreme	104
Joghurtmousse mit Obstmark	104
Blaubeercrêpes	105
Rhabarberkompott mit Sommerhauch	106
Rote Grütze	107
Adventstiramisu	108

Getränke und Liköre

Apfelpunsch – alkoholfrei	110
Dat blaue Wicht – alkoholfrei	110
Holunder- oder Brombeerpunsch – alkoholfrei	111
Teepunsch – alkoholfrei	111
Brombeerlikör	112
Burenjungs (Rumrosinen)	112
Heidelbeerlikör	112
Holunderbeerlikör	114
Holunderblütenlikör	114
Kirsch-Creme-Likör	115
Landfrauen-Soepken	115
Rote Grütze mit Mütze (Bowle)	117
Schlehenlikör	117

Hits für Kids

Erdbeer-Milch-Shake »Schnute«	118
Orangen-Eis-Shake »Sonnendrink«	118
Spaghetti mit Bolognese	119
Pippis raffinierter Nudelauflauf	120
Takatuka Kraftsalat mit Joghurtdressing	122
Gurkenkrokodil	123
Power-Müsli	123
Lustige Amerikaner	126
Heidelbeer-Muffins	127
Pizzabrot	127

Kuchen, Torten, Gebäck

Blätter-Nuss-Torte	128
Elisabeths Eistorte	129
Buchweizentorte mit Preiselbeersahne	130
Erdbeertorte »Schoko Art«	133
Georgsdorfer Mühlentorte	134
Himbeertraum	135
Joghurt-Cappuccino-Torte	136
Rhabarber-Krokant-Torte	137
Stachelbeerkuchen	138
Bibel-Kuchen	140
Buttermilchkuchen	141
Mandarinen-Topfkuchen	142
Nusskuchen	142
Obstkuchen mit Streuseln (vom Blech)	143
Aprikosen-Käsekuchen	146
Omas Apfelkuchen	147
Saftiger Topfkuchen	148
Glühweinkuchen	148
Auflösung zum Bibel-Kuchen	150
Quarkstollen	151

Spa 7
Das Wellnessparadies vom Hotel Grossfeld

Ab *Donnerstag* bis *Montag* sind wir für Sie da:

Do, Fr & Mo - 12.00-22.00 Uhr   Sa & So - 11.00-22.00 Uhr

Di & Mi - Ruhetag

Montags: Damensauna, 17.30-22.00 Uhr

Neu: Outdoor-Whirlpool

Gartenstraße 2 · 48455 Bad Bentheim · Tel. (0 59 22) 7 77 77 77 · info@spa7.de · www.spa7.de

KLÜMPER®
Schinken-Manufaktur seit 1821

Schinken für alle, die das Besondere lieben!

Sie erreichen uns täglich im Internet
www.kluemper-shop.de
und 2x wöchentlich in unserem Werksverkauf

Geöffnet!
Dienstag und Freitag
7.30 - 12.30 Uhr
Der Werksverkaufsladen

H. Klümper GmbH & Co. KG | Schinken - Manufaktur
Ratsherr-Schlikker-Str. 63 | 48465 Schüttorf
Tel. 0 59 23 / 8 06 - 0 | www.kluemper-schinken.de

Brot

Grafschafter Sonntagsstuten	152
Großes Bauernbrot	153
Dinkelbrot	153
Schnelles Weißbrot	154
Quarkstuten	154
Vollkornbrot	156
Nuss-Vollkornbrot	157
Baguette	159
Zwiebelbrot	160
Frische Sonntagsbrötchen	161
Originelles Zupfbrot	162
Fladenbrot	163
Igelbrötchen	164

Eingemachtes

Gurken süßsauer	166
Zucchinigemüse süßsauer	167
Kleine saure Gurken	167
Zigeunersoße	168
Kürbismarmelade	168
Heidelbeer-Brombeer-Konfitüre	169
Vanille-Heidelbeer-Marmelade	169
Pflaumenkonfitüre mit Walnüssen	170
Holunderblütensirup	172

Dips

Frühlingsdip	174
Hermines Dip	174
Knoblauchdip	175
Salsadip	175
Lachsdip	176

gefördert von:

Kreissparkasse Grafschaft Bentheim zu Nordhorn

BÄCKEREI naber
Emlichheimer Str. 7
49824 Laar / Echteler
Telefon: (05943) 303
...aus gutem Grund!

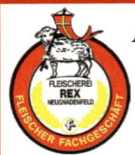

Aus der Region, für die Region!
»Nur das Beste für Ihre Rezepte«
»Wir schlachten selbst, man schmeckt's«

Fleischerfachgeschäft Rex · Inh. Uwe Rex
Hinrich-Wilhelm-Kopf-Str. 8
49824 Neugnadenfeld · Telefon: 0 59 44 / 355
www.fleischerei-rex.de

Ihr hofnaher Partner vor Ort
Raiffeisen Obergrafschaft
Gildehaus - Hestrup - Schüttorf
05924 / 78700
05926 / 312
„EIN UNTERNEHMEN DAS DEN HIESIGEN LANDWIRTEN GEHÖRT!"

GRENZLAND MARKT G
www.grenzland-markt.de

Ihr Getränkelieferant für alle Festlichkeiten!

PARTYSERVICE

Verleih von:
Theken, Zapfanlagen, Garnituren, Stehtischen, Kühlwagen und anderen Kühlgeräten

Telefon (0 59 47) 75 14
Agterhorner Str. 12
49824 Laar

Zusätzlich bieten wir an:
Grill-, Käseplatten und Salate in großer Auswahl

Wir haben für jedes Kochrezept die passenden Backwaren.

Bäckerei Klemp · H.-W.-Kopf-Str. 5
49824 Ringe, Neugnadenfeld
Tel.: 05944 /1715

Erleben
Erholen
Entspannen

Unser Haus bietet eine gelungene Symbiose aus Stil und Tradition. Mit Liebe zum Detail empfangen wir Sie in einer Atmosphäre aus privatem Ambiente und Weltoffenheit.

Hotel Niedersächsischer Hof
Bad Bentheim - Gildehaus

48455 Bad Bentheim
Telefon 05924 78660 · Telefax 05924 786633
E-Mail info@hotel-nhof.de

www.hotel-nhof.de
Eingabe Navigationssystem: Milkmannstraße, Bad Bentheim-Gildehaus

---

RAIFFEISEN EMS-VECHTE

Ihr kompetenter Ansprechpartner für die Bereiche Mischfutter, Anbau, Pflanzenschutz, Düngemittel und Energie!

EMSKRAFT Qualitätsfutter
Tel. 05965 - 9403-0

GRENZLAND RINGFUTTER G
Tel. 05947 - 75-0

Eine starke Gemeinschaft für die Landwirtschaft in der Region!

Landschinken
von Bloemendal
- SCHINKENSALZEREI -

Qualität aus der Grafschaft Bentheim

Inh. H. Bloemendal
Hauptstr. 7 · 49828 Osterwald · Tel. 0 59 41 / 98 87 06 8
Mobil 01 62 / 13 83 14 2

Hof Veldink
Hotel & Restaurant

●Hotel   ●Restaurant   ●Biergarten   ●Mittagstisch

Tel: 05943 - 98529-0
info@hof-veldink.de • www.hof-veldink.de

Friedrich - Kottemann - Straße 4 - 6
49824 Emlichheim

Küche & Kultur

www.limosa.de

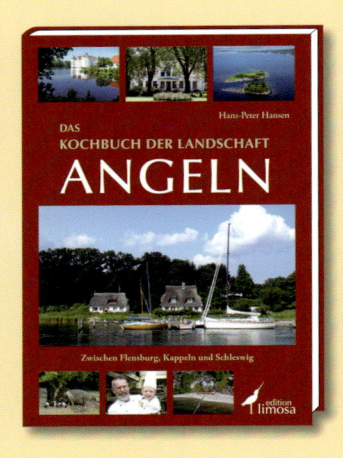

Das Kochbuch der Landschaft ANGELN
Hans-Peter Hansen
Zwischen Flensburg, Kappeln und Schleswig
edition limosa

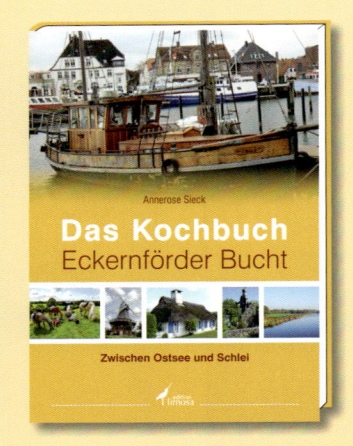

Das Kochbuch Eckernförder Bucht
Annerose Sieck
Zwischen Ostsee und Schlei
edition limosa

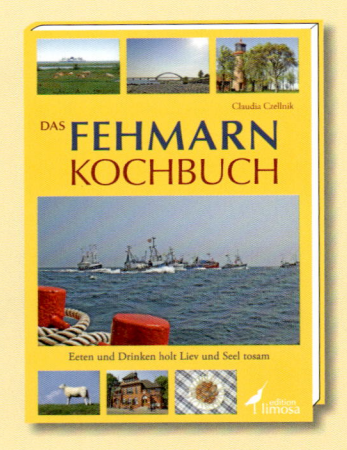

Das FEHMARN KOCHBUCH
Claudia Czellnik
Eeten un Drinken holt Liev un Seel tosam
edition limosa

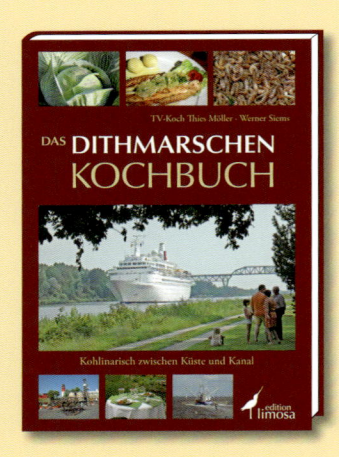

Das DITHMARSCHEN KOCHBUCH
TV-Koch Thies Möller · Werner Siems
Kohlinarisch zwischen Küste und Kanal
edition limosa

Das HOLSTEINER AUENLAND KOCHBUCH
Andrea Oppermann
Zwischen Knicks und Bookweetengrütt
edition limosa

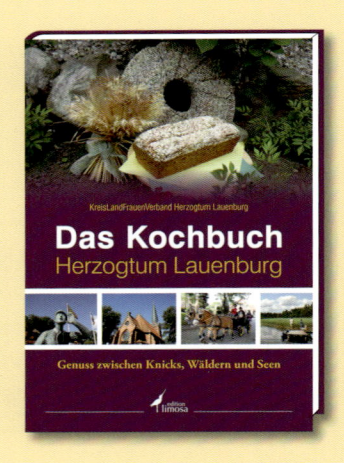

Das Kochbuch Herzogtum Lauenburg
KreisLandFrauenVerband Herzogtum Lauenburg
Genuss zwischen Knicks, Wäldern und Seen
edition limosa

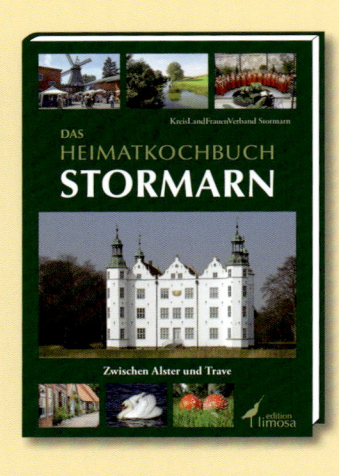

Das HEIMATKOCHBUCH STORMARN
KreisLandFrauenVerband Stormarn
Zwischen Alster und Trave
edition limosa

Das Steinburger Landkochbuch
KreisLandFrauenVerband Steinburg e.V.
Genuss zwischen Marsch und Geest
edition limosa

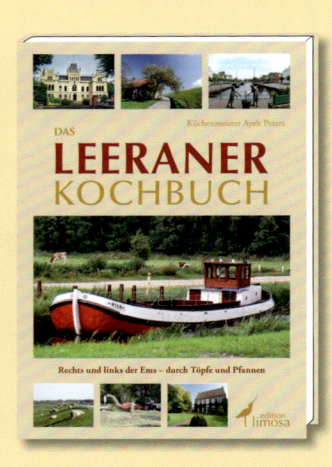

Das LEERANER KOCHBUCH
Küchenmeister Ayeh Peters
Rechts und links der Ems – durch Töpfe und Pfannen
edition limosa

Die schönsten Seiten Deutschlands

www.limosa.de www.limosa.de www.limosa.de www.limosa.de **edition limosa** www.limosa.de

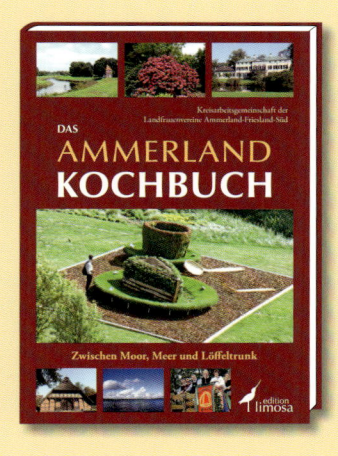

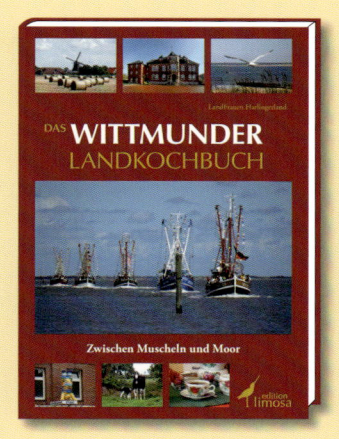

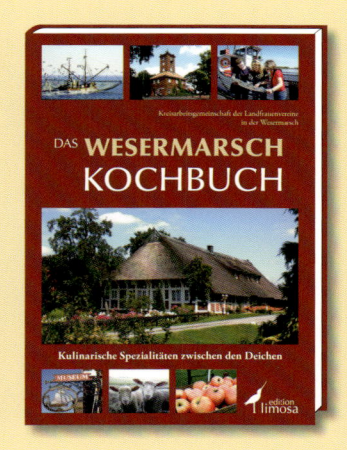

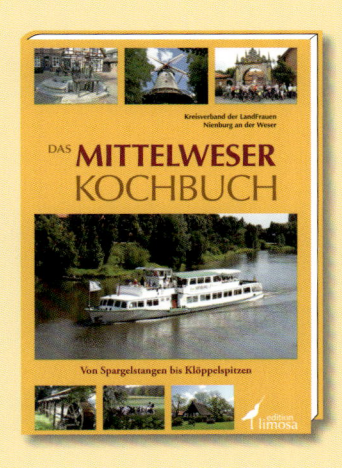

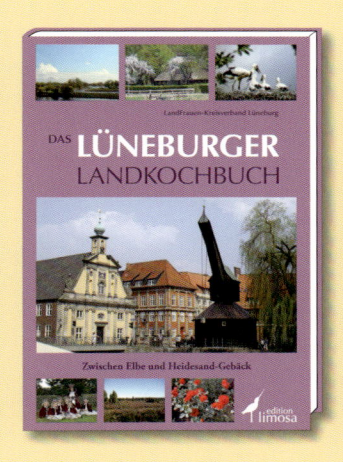

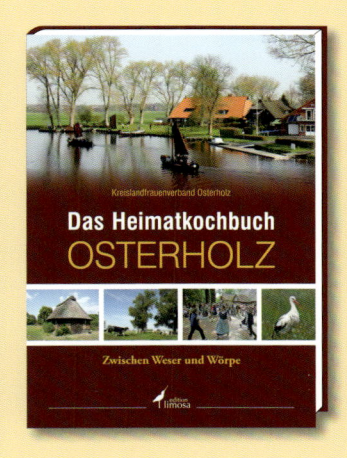

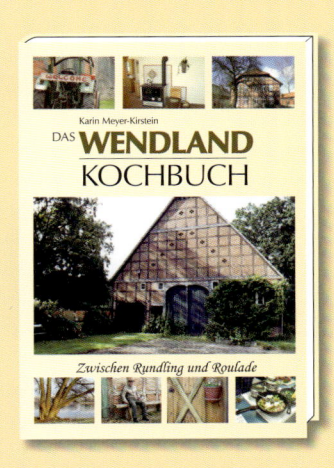

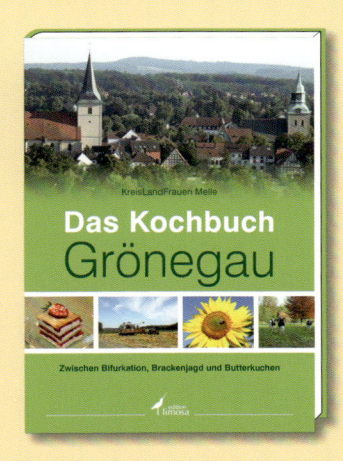

DAS AMMERLAND KOCHBUCH
Zwischen Moor, Meer und Löffeltrunk

DAS WITTMUNDER LANDKOCHBUCH
Zwischen Muscheln und Moor

DAS WESERMARSCH KOCHBUCH
Kulinarische Spezialitäten zwischen den Deichen

DAS MITTELWESER KOCHBUCH
Von Spargelstangen bis Klöppelspitzen

DAS LÜNEBURGER LANDKOCHBUCH
Zwischen Elbe und Heidesand-Gebäck

Das Heimatkochbuch OSTERHOLZ
Zwischen Weser und Wörpe

DAS WENDLAND KOCHBUCH
Karin Meyer-Kirstein
Zwischen Rundling und Roulade

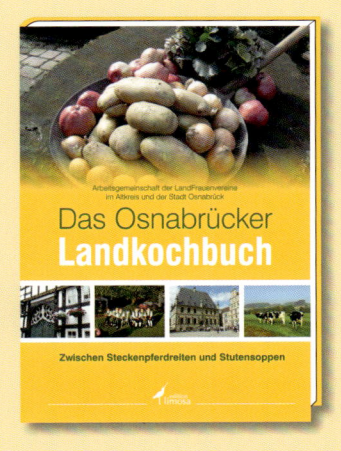

Das Osnabrücker Landkochbuch
Zwischen Steckenpferdreiten und Stutensoppen

Das Kochbuch Grönegau
Zwischen Bifurkation, Brackenjagd und Butterkuchen

Die schönsten Seiten Deutschlands Die schönsten Seiten Deutschlands Die schönsten Seiten Deuts

www.limosa.de www.limosa.de **www.limosa.de** www.limosa.de www.limosa.de www.limosa.de

DAS SÜDLICHE WESERBERGLAND KOCHBUCH
Katja Weitemeyer · Christian Mühlhausen
Rund um den Weserstein
edition Limosa

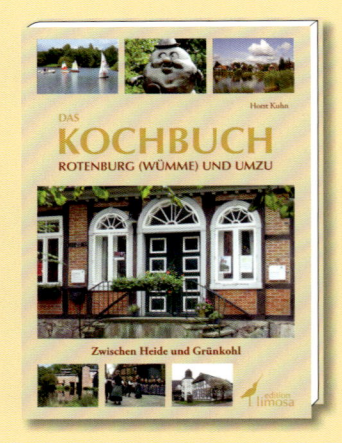

DAS KOCHBUCH ROTENBURG (WÜMME) UND UMZU
Horst Kuhn
Zwischen Heide und Grünkohl
edition Limosa

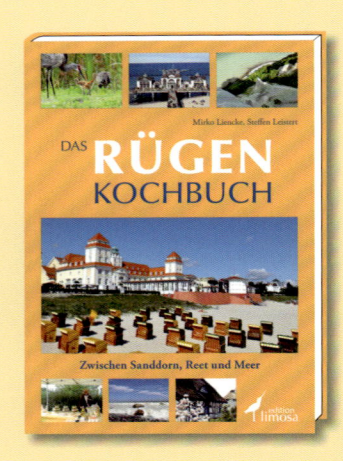

DAS RÜGEN KOCHBUCH
Mirko Liencke, Steffen Leistert
Zwischen Sanddorn, Reet und Meer
edition Limosa

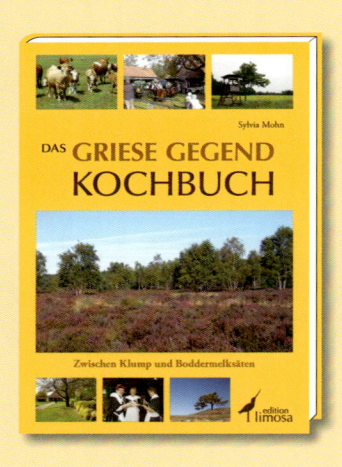

DAS GRIESE GEGEND KOCHBUCH
Sylvia Mohn
Zwischen Klump und Boddermelksäten
edition Limosa

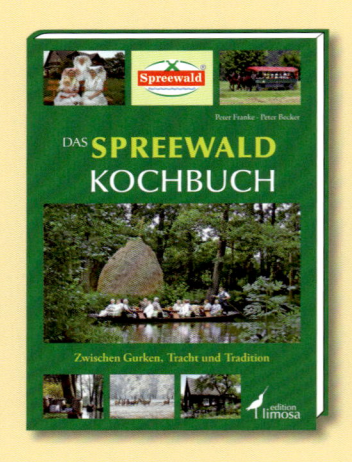

DAS SPREEWALD KOCHBUCH
Peter Franke · Peter Becker
Zwischen Gurken, Tracht und Tradition
edition Limosa

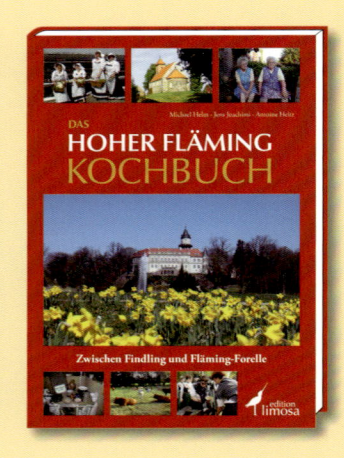

DAS HOHER FLÄMING KOCHBUCH
Michael Helm · Jens Joachimi · Antoine Neitz
Zwischen Findling und Fläming-Forelle
edition Limosa

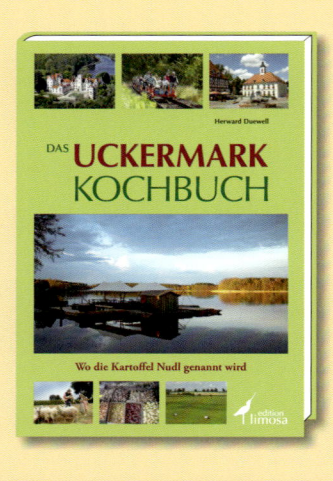

DAS UCKERMARK KOCHBUCH
Herward Duewell
Wo die Kartoffel Nudl genannt wird
edition Limosa

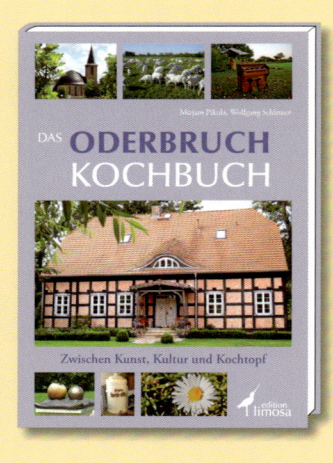

DAS ODERBRUCH KOCHBUCH
Mirjam Pikala, Wolfgang Schörner
Zwischen Kunst, Kultur und Kochtopf
edition Limosa

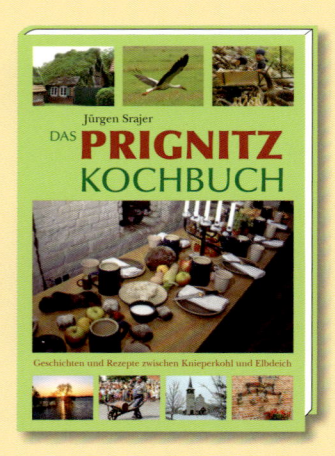

DAS PRIGNITZ KOCHBUCH
Jürgen Srajer
Geschichten und Rezepte zwischen Knieperkohl und Elbdeich
edition Limosa

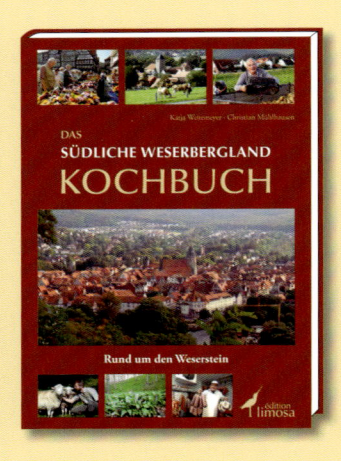

Die schönsten Seiten Deutschlands

www.limosa.de www.limosa.de www.limosa.de www.limosa.de www.limosa.de www.limosa.de

edition limosa

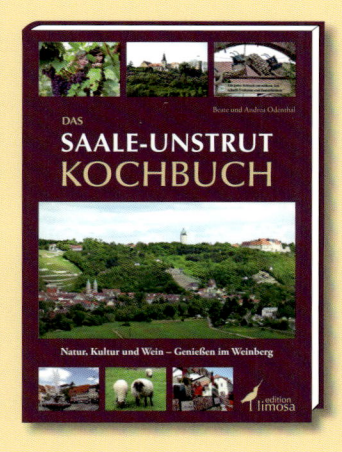

DAS SAALE-UNSTRUT KOCHBUCH
Bone und Andrea Odenthal
Natur, Kultur und Wein – Genießen im Weinberg

DAS KYFFHÄUSER KOCHBUCH
Heinz Noack · Steffi Rohland
Von A wie Aschkloß bis Z wie Zupfkuchen

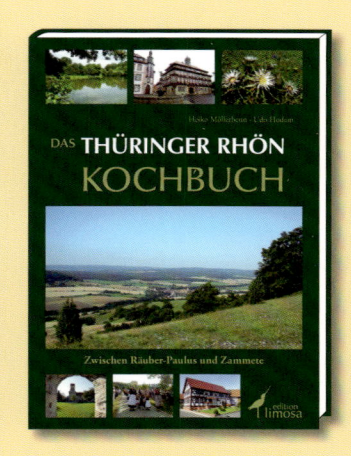

DAS THÜRINGER RHÖN KOCHBUCH
Heike Müllerheim · Udo Hudam
Zwischen Räuber-Paulus und Zammete

Das Kochbuch Silbernes Erzgebirge
Jan Kempe, Marco Möller
Zu Tisch zwischen Altenberg und Freiberg

DAS KOCHBUCH AUS DEM FULDAER LAND
Bezirkslandfrauenverein Fulda
Zwischen Rhön und Reibekuchen

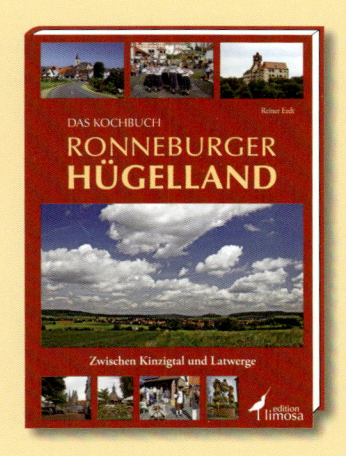

DAS KOCHBUCH RONNEBURGER HÜGELLAND
Reiner Erdt
Zwischen Kinzigtal und Latwerge

DAS VORDERTAUNUS KOCHBUCH
Wolfgang Bender
Champagnerluft und Streuobstwiesen

DAS Eichsfeld KOCHBUCH
Jens Kobl, Karin Pradler, Klaus Röhrig, Marion Stolze
Zwischen Schmandkuchen und Feldgieker

DAS ODENWALD KOCHBUCH
Armin Treusch
Zwischen Sandstein und Apfelwein

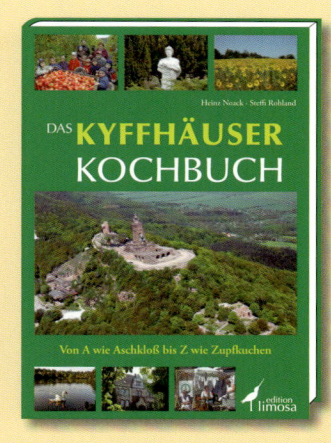

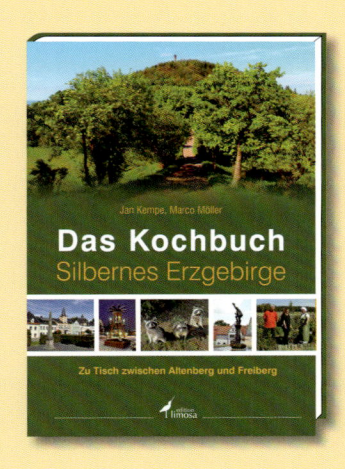

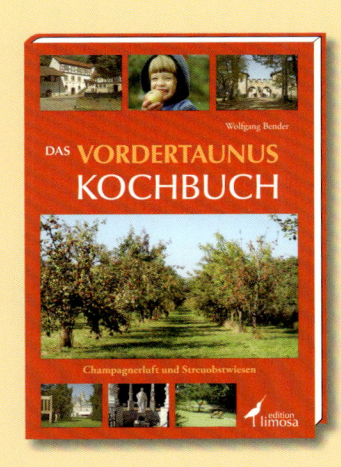

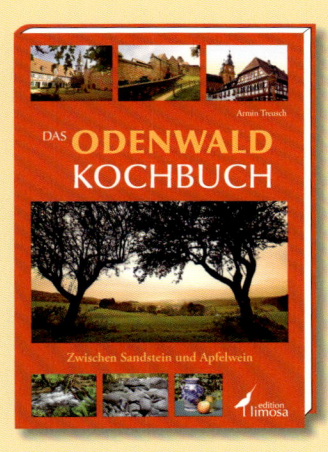

Die schönsten Seiten Deutschlands Die schönsten Seiten Deutschlands Die schönsten Seiten Deuts

www.limosa.de www.limosa.de www.limosa.de www.limosa.de www.limosa.de www.limosa.de

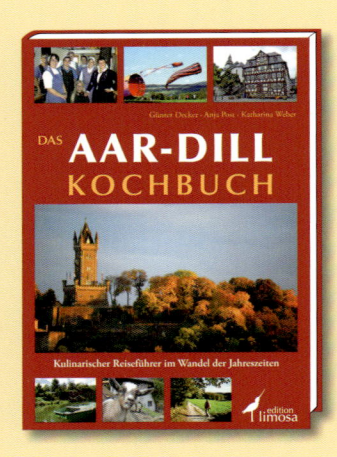

DAS AAR-DILL KOCHBUCH
Kulinarischer Reiseführer im Wandel der Jahreszeiten

DAS GERAUER LAND KOCHBUCH
Zwischen Ried und Riwwelkuchen

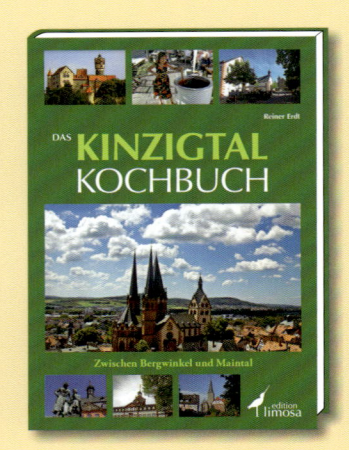

DAS KINZIGTAL KOCHBUCH
Zwischen Bergwinkel und Maintal

DAS LENNETAL KOCHBUCH
Zwischen Burg Altena und Märkischer Hotte

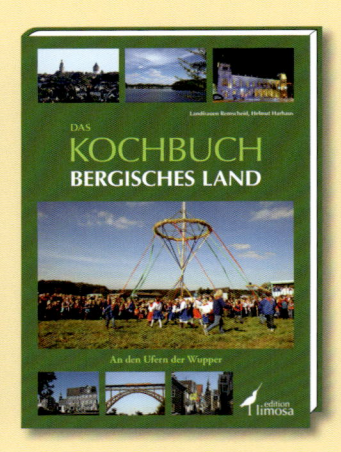

DAS KOCHBUCH BERGISCHES LAND
An den Ufern der Wupper

Das Lautrer Heimatkochbuch
Leckereien, Land und Leben im Herzen der Pfalz

DAS RHEINHESSEN LANDFRAUEN KOCHBUCH
Rheinhessen weiblich

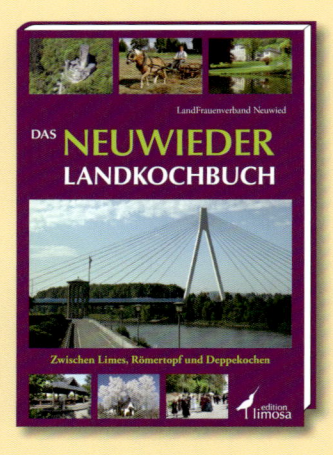

DAS NEUWIEDER LANDKOCHBUCH
Zwischen Limes, Römertopf und Deppekochen

DAS MAIFELD KOCHBUCH
Zwischen Rapsblüten und Ritterromantik

Die schönsten Seiten Deutschlands

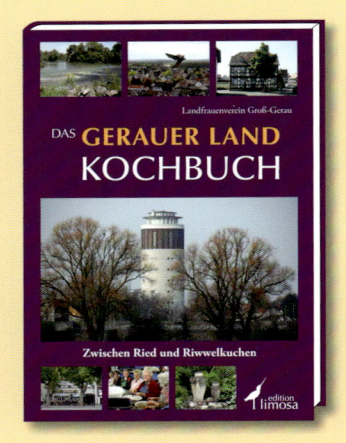

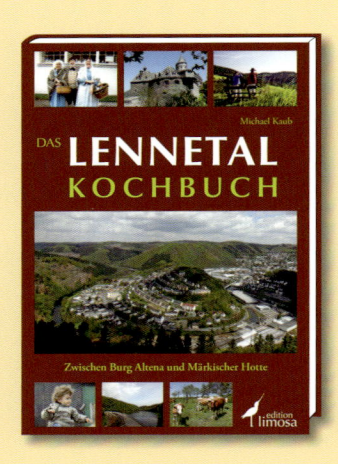

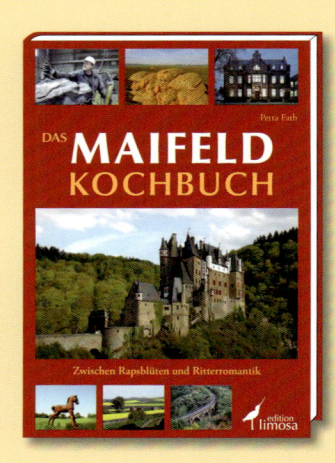

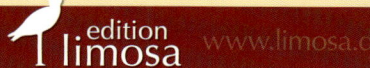

www.limosa.de www.limosa.de www.limosa.de www.limosa.de www.limosa.de **edition limosa** www.limosa.de

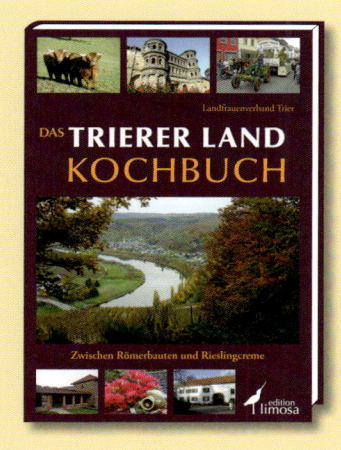

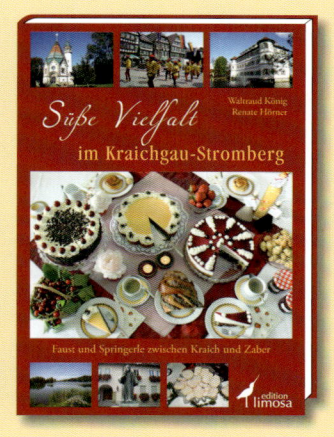

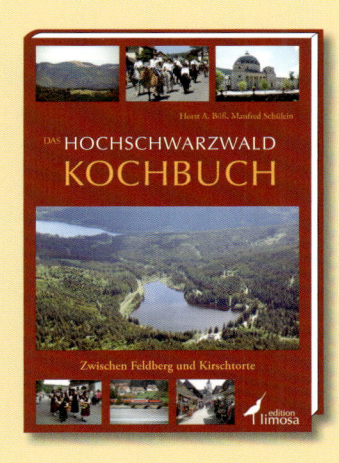

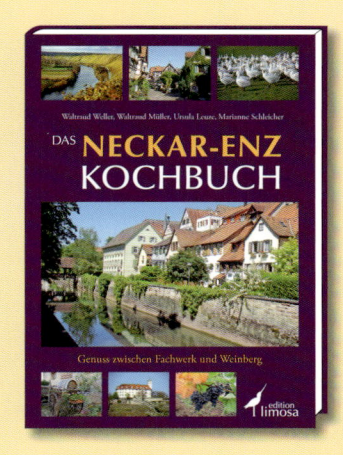

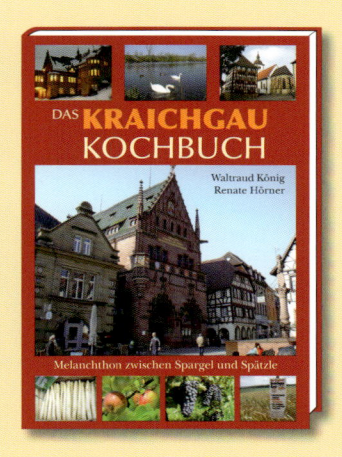

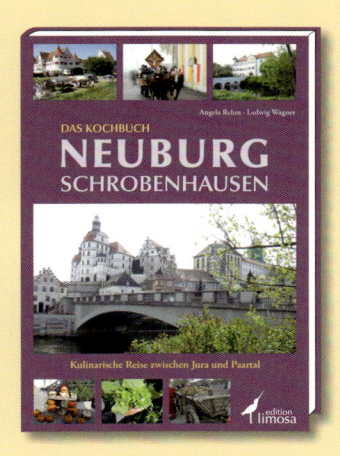

DAS TRIERER LAND KOCHBUCH
Landfrauenverband Trier
Zwischen Römerbauten und Rieslingcreme

Süße Vielfalt im Kraichgau-Stromberg
Waltraud König · Renate Hörner
Faust und Springerle zwischen Kraich und Zaber

DAS BÜHLER HEIMATKOCHBUCH
Bühler Frauenbund e.V.
Zwischen Schwarzwald und Rhein

DAS HOCHSCHWARZWALD KOCHBUCH
Horst A. Böß · Manfred Schtikrin
Zwischen Feldberg und Kirschtorte

DAS NECKAR-ENZ KOCHBUCH
Waltraud Weller, Waltraud Müller, Ursula Leute, Marianne Schleicher
Genuss zwischen Fachwerk und Weinberg

DAS KRAICHGAU KOCHBUCH
Waltraud König · Renate Hörner
Melanchthon zwischen Spargel und Spätzle

Das Kochbuch Stauferland
Gerhard Wahl
Zwischen Wacholderheiden und Streuobstwiesen

DAS MAIN-SPESSART KOCHBUCH
Aktionsgemeinschaft Frische aus Main-Spessart
Frische aus Wein, Wald und Wasser

DAS KOCHBUCH NEUBURG SCHROBENHAUSEN
Angela Rehm · Ludwig Wagner
Kulinarische Reise zwischen Jura und Paartal

Die schönsten Seiten Deutschlands · Die schönsten Seiten Deutschlands · Die schönsten Seiten Deuts

Bildquellennachweis

Seite 3: (gr) Edition Limosa GmbH; 4: (gr) Hindrike Jonker; 5: (gr) Fritz Raafkes; 6: (kl) Kai Steinkühler; 9: (kl) Hermine Kaalmink; 10: (gr) Tourist Information Bad Bentheim, (kl) (c)Franz Frieling; 11: (gr) Gerhard Butke, (kl) Hindrike Jonker; 12: (gr) Helmut Kalverkamp; 13: (kl) Gertin Schippers; 14: (gr) Hindrike Jonker; 15: (kl) Siegfried Kluth; 16: (gr) Elke Horstmeier; 17-18: Frauke Hiller (2); 19: (gr) Tourist-Info Bad Bentheim; 20: (gr) Johanna Waterloh-Temme, (kl) Gerhard Butke; 21: (gr) Johanna Waterloh-Temme, (kl) (c)Franz Frieling; 22: (gr) Heinz Kötting, (kl) (c)Franz Frieling; 23: (kl) (c)Franz Frieling; 24-25: Helmut Kalverkamp (2); 26: (gr) Marja Asche, (kl) Hermann Dobbe; 27-28: Marja Asche (2); 29: (gr) Helmut Kalverkamp; 30: (gr) Johann Steineke, (kl) Marja Asche; 31: Marja Asche (2); 32: Reiner Neef (2); 33: (gr) Frauke Hiller, (kl) Reiner Neef; 34/35: (gr) Floris Metzner, (kl) Elke Horstmeier, Heinz Kötting; 36-37: Marja Asche (2); 38: (gr) Siegfried Kluth; 39: (kl) Hindrike Jonker; 40: (gr) Annegret Steveker; 41: (kl) Bert Slotman; 42-43: (c)Franz Frieling (2); 44/45: (gr) Dorothea van Kuilenburg; 46: (gr) Johanna Waterloh-Temme, (kl) Marja Asche; 47: Marja Asche (2); 48: (gr) Johanna Waterloh-Temme, (kl) Wiebke Plascher; 49: (kl) Wiebke Plascher; 50: (gr) bj freiSign Werbeagentur GmbH/Beate Wunder, (kl) Tourist-Info Nordhorn; 51: (gr) Wiebke Plascher, (kl) Hindrike Jonker; 52: (gr) Kerstin Ernst; 53: (kl) Hartmut Abel; 54: (kl) Marja Asche; 55: (gr) Marja Asche, (kl) Heinz Kötting; 56-57: Siegfried Kluth (3); 58/59: (gr) Siegfried Kluth, (kl) Frauke Hiller, Siegfried Kluth; 60-61: Hindrike Jonker (2); 62-63: Siegfried Kluth (3); 64: Ingrid Schotman (2); 65: (kl) Frauke Hiller; 66: (kl) Siegfried Wigger; 67: (gr) Johanna Waterloh-Temme, (kl) Hindrike Jonker; 68: (gr) Heinz Kötting; 69: (gr) Hetty Wantia, (kl) Marja Asche; 70: (kl) Wiebke Plascher; 71: Albert Arends (2); 72: (gr) Marja Asche, (kl) Elke Horstmeier; 73: (gr) Gertin Schippers, (kl) Hindrike Jonker; 74: (gr) Wiebke Plascher, (kl) Gertin Schippers; 75: (gr) Hermine Kaalmink, (kl) Albert Arends; 76: (gr) Stefanie Havermann; 77: (kl) Johanna Waterloh-Temme; 78: (gr) Dorothea van Kuilenburg, (kl) Bert Slotman; 79: (kl) Bert Slotman; 80: (gr) Hindrike Jonker; 81: (kl) Elke Horstmeier; 82: (kl) Tourist Information Bad Bentheim; 83: (gr) Tourist Information Bad Bentheim, (kl) Siegfried Wigger; 84: (gr) (c)Franz Frieling, (kl) Gertin Schippers; 85: (gr) Gertin Schippers, (kl) Siegfried Kluth; 86: Elke Horstmeier (2); 87: (kl) Marja Asche; 88: (gr) Hindrike Jonker; 89: (kl) Marja Asche; 90: (gr) Frauke Hiller, (kl) Tourist Information Nordhorn; 91: (kl) Tourist Information Nordhorn; 92-93: Siegfried Kluth (2); 94: (kl) Elke Horstmeier; 95: (gr) Dorothea van Kuilenburg; 96-97: (gr) Reiner Neef (4); 98: (gr) Hindrike Jonker; 99: (kl) Elke Horstmeier; 100-101: Siegfried Kluth (2); 102: (kl) Hermine Kaalmink; 103: (gr) Grafschafter Landservice; 104: (gr) Hindrike Jonker; 105: (kl) Hermann Dobbe; 106: Johanna Waterloh-Temme (2); 107: (gr) Elke Horstmeier, (kl) Johanna Waterloh-Temme; 108: (gr) Hindrike Jonker, (kl) Helmut Kalverkamp; 109: (gr) Dorothea van Kuilenburg, (kl) Lindemann; 110: (gr) Antina Hermeling; 111: (kl) Marja Asche; 112-113: Hindrike Jonker (2); 114: (kl) Frauke Hiller; 115: (kl) Annegret Aalken; 116-117: Elke Horstmeier (2); 118: (gr) Antina Hermeling; 119: (gr) Jutta Balder; 120: (gr) Elke Horstmeier, (kl) Helmut Kalverkamp; 121: (gr) Hindrike Jonker, (kl) Annegret Steveker; 122: (gr) Floris Metzner; 123: (kl) Frauke Hiller; 124: (gr) Elke Bischop-Stentenbach, (kl) Frauke Hiller; 125: Marja Asche (2); 126: (gr) Annegret Steveker; 127: (gr) Hermine Kaalmink (o), Hindrike Jonker (u); 128: (gr) Johanna Waterloh-Temme; 129: (kl) Hindrike Jonker; 130: (kl) Hermine Kaalmink; 131: (gr) Gertin Schippers, (kl) Hermine Kaalmink; 132: (gr) Gertin Schippers; 133: (gr) Hermine Kaalmink; 134: (kl) Gertin Schippers; 135: (gr) Tourist-Info Nordhorn; 136: (gr) Peter Hinrichs; 137: (gr) Elke Horstmeier; 138: (gr) Hindrike Jonker, (kl) Hindrike Jonker; 139: (gr) Hindrike Jonker, (kl) VVV-Uelsen; 140: (gr) Hermine Kaalmink, (kl) Hermann Dobbe; 141: Heinz Kötting (2); 142: (kl) Frauke Hiller; 143: (gr) Helmut Kalverkamp; 144-145: Willy Ankoné (2); 146: (kl) Helmut Kalverkamp; 147: Hindrike Jonker (2); 148: (gr) Hindrike Jonker, (kl) Hartmut Abel; 149: (gr) Reiner Neef; 150-151: Hindrike Jonker (2); 152: (gr) Hartmut Abel, (kl) Siegfried Kluth; 153: (kl) Siegfried Kluth; 154-155: Reiner Neef (3); 156: (gr) Frauke Hiller (o), Elke Horstmeier (u), (kl) Hartmut Abel; 157: (gr) Siegfried Kluth, (kl) Hartmut Abel; 158: (gr) Ingrid Schotman; 159: (gr) Fritz Raafkes; 160: Elke Horstmeier (2); 161: Ingrid Schotman (2); 162: (gr) Dorothea van Kuilenburg; 163: (gr) Johanna Waterloh-Temme; 164: Hindrike Jonker (o), Gesine Vrielmann (u); 165: (gr) Marja Asche; 166: Albert Arends (2); 167: (kl) Marja Asche; 168: (kl) Elke Horstmeier; 169: (kl) Hermine Kaalmink; 170: (gr) Ingrid Schotman, (kl) Hermine Kaalmink; 171: (gr) Hermine Kaalmink, (kl) Ingrid Schotman; 172: (gr) Hermine Kaalmink, (kl) Hartmut Abel; 173: (gr) Annegret Aalken, (kl) Hartmut Abel; 174-175: Elke Horstmeier (2); 176-177: Floris Metzner (2);

Umschlag vorne: (oben) Tourist-Info Bad Bentheim, (unten von links) Floris Metzner, Willy Ankoné, (c)Franz Frieling, Tourist Information Nordhorn;
Umschlag hinten: (von links) Hindrike Jonker, Reiner Neef, Hindrike Jonker, Reiner Neef